新时代·营销新理念

门店私域流量运营与落地

黑墙 著

清华大学出版社
北京

内 容 简 介

本书重点讲述了如何系统性构建及运营线下门店的私域流量。基于"为消费者创造价值"这一出发点，用科学高效的数字化手段经营消费者，为读者厘清思路，使读者启动私域流量运营。本书为线下门店私域流量运营的落地实操指明道路，使线下门店科学运营私域流量。在新的时代背景下，本书可谓一本非常实用的线下门店私域流量运营秘籍。

本书适用于企业负责人、流量运营者、产品经理等阅读。

本书封面贴有清华大学出版社防伪标签，无标签者不得销售。

版权所有，侵权必究。举报：010-62782989，beiqinquan@tup.tsinghua.edu.cn。

图书在版编目（CIP）数据

门店私域流量运营与落地 / 黑墙著 . —北京：清华大学出版社，2023.3（2023.7重印）
（新时代·营销新理念）
ISBN 978-7-302-62402-8

Ⅰ.①门… Ⅱ.①黑… Ⅲ.①商店—运营管理 Ⅳ.① F717

中国国家版本馆 CIP 数据核字 (2023) 第 013177 号

责任编辑：刘　洋
封面设计：徐　超
版式设计：方加青
责任校对：王荣静
责任印制：曹婉颖

出版发行：清华大学出版社
网　　址：http://www.tup.com.cn，http://www.wqbook.com
地　　址：北京清华大学学研大厦 A 座　　邮　编：100084
社 总 机：010-83470000　　邮　购：010-62786544
投稿与读者服务：010-62776969，c-service@tup.tsinghua.edu.cn
质 量 反 馈：010-62772015，zhiliang@tup.tsinghua.edu.cn
印 装 者：三河市少明印务有限公司
经　　销：全国新华书店
开　　本：170mm×240mm　　印　张：15.25　　字　数：264 千字
版　　次：2023 年 5 月第 1 版　　印　次：2023 年 7 月第 2 次印刷
定　　价：88.00 元

产品编号：097056-01

前言

"要把消费者留下来，让消费者持续复购！"这是很多线下商家最大的感悟。新流量越来越贵、老顾客无法唤醒、外部环境变化多端，这些问题使得当前门店经营举步维艰。本书结合笔者服务门店近10年的经验，以及服务客户的真实案例，希望可以帮助读者掌握门店构建私域流量的道与术，能从0到1构建自己门店的私域流量体系，把门店的线下生意在自己的私域里再做一遍，通过线上经营消费者获得更多复购并带来生意的增长。

除了做好产品及服务外，商家提升复购的主要手段是运营会员。常见的运营会员手段是让消费者留下手机号码或者关注公众号，然后让消费者储值，逢年过节给消费者发优惠券。随着市场竞争越来越激烈，消费者的选择越来越多，这种传统的会员运营模式逐渐失效，商家需要更高效的手段。私域流量就是新一代的会员体系，能实现门店与消费者的双向互动。消费者离开门店之后能够持续被连接和影响，门店能够用数字化的手段来经营消费者。用数字化手段经营自己的存量消费者，已经不是"选做题"，而是"必答题"。在时代背景下，私域流量正在成为标配，但在我们准备大刀阔斧推进的时候，要先明白"三不做"与"三必做"。

"三不做"的具体内容如下。

（1）短期投机主义者不要做私域流量运营。门店私域流量运营需要长期坚持，而不是一蹴而就的。在构建好自己的流量池以及运营逻辑前，我们不要指望天天爆单，更不可能一夜暴富。私域流量是门店未来规模化发展的基础设施，是最重要的消费者资产之一，所以，我们可以抱有急功近利的目的，但做好这件事情确实需要长期执行的心理准备。

（2）不重视消费者关系的门店不要做私域流量运营。私域流量需要引起重视，因此我们需要投入时间、精力、资源去运营消费者。之所以需要经营消费者，是因为消费者可以为我们持续产出价值，是消费者在持续购买我们的产品，一个不重视消费者的门店一定会被市场淘汰。

运营私域流量，首先，需要公司的管理者及各部门的负责人在认知上同频、在战略上重视。其次，有了自己的私域流量池后，需要有人按照我们设定的运营逻辑去执行。无论是社群活动的策划还是服务的承接，都需要一个角色负责，我们把这个角色称为"私域店长"。和线下店长一样，"私域店长"负责在"私域门店"里为消费者服务。

虽然有类似"咚咚来客"这样系统的运营私域流量的工具，但我们依旧要重视运营工作，而且门店员工要配合执行。我们可以把运营分成很多等级，从简单的到复杂的，从粗放式的到精细化的。不同的发展阶段，运营的复杂程度也不同。我们也可以利用工具来最大限度降低人为干预，但都需要"重视"和"运营"。看一个品牌是否重视消费者关系的经营，就先看这个品牌是否设置了会员运营这一岗位。

（3）本分没做好的门店不要投入太多精力在私域流量运营上。基础没打好的门店不要妄想运营私域，也不要想实现传播裂变，这个时候应该老老实实练好基本功。例如餐饮行业的门店菜品口味不佳、零售门店出售假冒伪劣商品等，这些都属于本分没有做好的行为。这个时候最重要的事情与流量无关，而且流量越多，门店会"死"得越快。先把本分做好，练好基本功，再通过新的技术为品牌加持，这样门店才可以获得更好、更平稳的发展。

给大家泼了"冷水"之后，也给大家打一剂"强心针"。门店基本都可以用私域流量的逻辑来运营，其实选址就是在用私域流量的思维运营门店。因为选一个好位置并做好门店的设计装修及定位，就是为了把线下路过的流量吸引到门店。然后再通过让消费者留下手机号码、关注公众号等方式，一步一步地把线下的消费者往线上流量池里搬运，这就是在运营私域。只是短信和公众号的触达效率没有社群私域的触达效率高，而且只能单向传递，无法双向互动。我们应该利用一些工具来实现更高效的私域流量运营，例如，基于企业微信，并结合类似咚咚来客这样的工具来运营门店社群私域流量。

"三必做"的具体内容如下。

（1）人气旺铺一定要着手运营自己的私域流量，如人气餐饮店、社区便利店、水果生鲜店、烘焙茶饮店、零售集合店等。因为每天都有很多人路过这些门店或者到这些门店里买东西，这些旺铺就可以比别人用更低的成本获得线下消费者。因此，人气旺铺一定不要让这些流量浪费掉，而应该把他们引入自己的微信社群，使他们沉淀在自己的私域流量池中。只有门店和消费者的关系从线下的弱关系变成线上的强连接，门店才有机会发展成为"网红店"甚至"长红店"。

（2）准备要规模化、连锁化发展，或者已经开多个门店的品牌一定要运营私域流量。门店越多，就意味着产品和模式越标准化，更有机会做成大品牌；和消费者的触点越多，越容易规模化地获取消费者。在线上运营这些消费者不仅可以为线下门店赋能导客，还有机会在线上销售更多产品，获得更多业绩增长的可能性。所以，当我们有多个门店或者准备开多个门店的时候，一定要将私域流量迁移到门店的运营体系中，而且越早开展这项工作，成本越低。

（3）连锁加盟品牌一定要运营私域流量。连锁加盟品牌由于标准化程度高，门店扩张的速度较快，"多点开花"就意味着可以快速渗透全国各个城市。对于连锁加盟品牌来说，构建私域流量池不仅能够使自身拥有一张地网，还能有一张线上流量网。但加盟连锁品牌在构建私域流量池的时候，要充分平衡总部与加盟商的利益：总部既要集权获得对私域消费者的掌控力，又要给各地加盟商流量自治权；总部要用新的技术手段赋能加盟商，让加盟店留存更多消费者，让它们生意兴隆。越早将私域流量的体系植入加盟流程中，品牌在进一步扩张的时候就越容易。

新的环境意味着新的机遇，门店也一定会进化出适应时代变化的新形态。我们坚信，重视消费者体验和给消费者带来新价值的品牌更得人心。私域社群是我们用数字化能力经营品牌消费者的重要入口，是品牌端到端地直接面对消费者的重要阵地。用经营线下消费者的思维在线上经营私域中的消费者，以获得更多的消费者留存和复购，将会是新形态门店的基础生存技能。门店需要具备迭代思维，构建新一代的会员运营体系，而这也就是本书中所讨论的"门店私域流量运营"。

第一篇
私域流量助力门店破局

第 1 章　VUCA 时代，门店经历生死挑战　/　2

1.1　红利消失，门店受困于线下　/　4
1.2　越来越贵的流量，买还是不买　/　5
1.3　私域流量成为门店必需品　/　7
1.4　摆脱"消费者进店靠缘分，离店就失联"的困扰　/　10
1.5　公域流量靠抢，私域流量靠养　/　12
小结　/　13

第 2 章　开启私域门店新时代　/　14

2.1　什么是私域门店　/　14
2.2　把流量变留量，不在"金矿"上哭穷　/　17
2.3　产品应该有"情感"，让货去找人　/　20
2.4　私域社群是品牌互动的新阵地　/　21
2.5　盯紧北极星指标：私域消费者复购率　/　23
小结　/　25

第二篇
开个 0 租金 24 小时营业的私域门店

第 3 章　建流量池：消费者在手，生意不愁　/　28

3.1　扫码，是进入私域流量池的钥匙　/　29
3.2　多渠道引流，把消费者抓手上　/　31
3.3　线下门店的 3 个引流窍门　/　35
3.4　给消费者打上数字化标签　/　39

3.5　画一张消费者运营地图　/　42

小结　/　45

第 4 章　社群营销：像谈恋爱一样吸引消费者　/　47

4.1　复购式经营，跟消费者"谈恋爱"　/　47

4.2　运营不是陪聊天，讲方法、有策略　/　51

4.3　相信重复的力量，从特权日开始　/　55

4.4　SOP 培育消费者生命周期　/　56

4.5　培养忠实消费者，差别对待　/　60

小结　/　62

第 5 章　传播裂变：你很好，让更多人看到　/　63

5.1　摆脱"酒香不怕巷子深"的旧观念　/　63

5.2　门店传播裂变三要素，老客带新客　/　65

5.3　私域将成为品牌表达的重要阵地　/　67

5.4　利用社群搞事情，用事件带传播　/　68

5.5　用好工具，让爆款持续裂变　/　69

小结　/　70

第 6 章　互动交易：跟消费者玩在一起顺便卖东西　/　72

6.1　打造以人为中心的交易体系　/　73

6.2　寻找消费新场景，为场景设计商品　/　74

6.3　预售套餐是门店销量增长的一把"尖刀"　/　77

6.4　周期性爆款运营及发售策略　/　80

6.5　在自己的线上流量池开店做生意　/　83

小结　/　86

第 7 章　公私域互通带来巨大商机　/　87

7.1　用好抖音、快手的流量红利　/　87

7.2　小红书"种草"，打造网红品牌　/　90

7.3 视频号，不可小瞧的流量新势力 / 92

7.4 用好同城自媒体，精准流量稳定增长 / 94

7.5 设计留存路径，使来的每一个流量都变成自己的 / 96

小结 / 98

第三篇
私域复购心法助力门店落地

第 8 章 磨刀不误砍柴工，私域基础先打牢 / 102

8.1 拆解用户触点，构建私域流量池 / 102

8.2 高效精准触达，让你的"美"被消费者知道 / 104

8.3 互动建立信任场，构建良好信任关系 / 105

8.4 打造品牌力，品牌是最大的红利 / 107

8.5 关注交易转化率，付钱的消费者才是"真爱粉" / 108

8.6 重视老客转介绍，口碑传播数字化 / 110

小结 / 111

第 9 章 组织给力，事半功倍 / 113

9.1 组织架构的重要性 / 113

9.2 分好权责利，激发员工主动性 / 116

9.3 如何设计运营体系，减少人力成本 / 117

9.4 加盟门店与总部的私域流量运营逻辑 / 120

9.5 打造新一代门店的新店长：私域店长 / 121

9.6 多维度数据的精细化管理 / 123

小结 / 126

第四篇
看完就能照做的行业案例

第 10 章　餐饮行业：到店、到家双管齐下　/　130

10.1　二线城市的西餐品牌意拉拉，1 200 份优惠券包 24 小时售罄　/　130

10.2　线上"预售 + 分销"，缓解门店的现金流压力，提前锁定潜在消费者　/　135

10.3　社群助推外卖到家业务增长　/　139

10.4　传单、围挡、KT 板都是获客入口　/　140

10.5　打造品牌"超级室友"，九龙冰室的复购经营之路　/　143

10.6　肥汁米兰：打造"线人"文化，创造感性价值实现复购增长　/　151

小结　/　154

第 11 章　茶饮行业，运营私域流量已是必选项　/　155

11.1　连锁茶饮私域正当时，全新的品牌表达通道　/　155

11.2　把关注公众号的粉丝，变成能互动的消费者　/　160

11.3　推什么新品，消费者说了算　/　160

11.4　互动不重样，社群里答题开奖　/　161

11.5　沪上阿姨：秉持"顾客第一"的原则运营私域流量　/　163

11.6　桃园三章：平衡总部与加盟店，订单转化率达 40%　/　166

小结　/　167

第 12 章　烘焙行业的私域破局打法　/　168

12.1　3 招脱颖而出，把小区路过的消费者拉到社群　/　168

12.2　店里不好卖的小糕点，在线上秒变爆款　/　169

12.3　小区品牌也是能影响消费者决策的品牌　/　171

12.4　味多美：社群预热做抢购，场场都是爆款　/　171

12.5　燊辉燊麦：群里一场活动卖 10 万元　/　175

小结　/　177

第 13 章　美业的获客难题，私域运营策略解析　/　178

13.1　打造知识型 IP，卖产品之前先培育信任，每周一次视频号讲座　/　178
13.2　集客营销带动销售转化，口腔医院主动出击　/　180
13.3　广告投放叠加私域流量运营，医美门店的 3 倍增长　/　181
13.4　多人同行方案：闺蜜体验卡，形成老带新　/　183
13.5　奈瑞儿：单门店获客率增长 128%，获客成本仅需 1.6 元　/　184
小结　/　187

第 14 章　再造一个人气商圈，购物中心私域流量运营正当时　/　189

14.1　在各个地方制造留存入口　/　189
14.2　人群分层构建不同主题社群　/　191
14.3　联动入驻商家打造超值权益卡　/　192
14.4　惠州华贸天地：单月 GMV 破千万的秘密　/　194
14.5　永旺梦乐城：一张权益卡满足消费者吃喝玩乐需求　/　198
小结　/　199

第 15 章　零售行业私域成刚需　/　201

15.1　母婴门店打造专业的信任感服务　/　202
15.2　发送上新短信，短信跳转加私域　/　203
15.3　美妆连锁品牌线上线下双管齐下　/　204
15.4　食品零售派小样，私域成为第一调研阵地　/　205
15.5　全棉时代：单场活动留存数千精准消费者　/　206
小结　/　209

第 16 章　酒旅行业自救：自己就是 OTA　/　211

16.1　提升接触频次，成为酒店实现发展的第一要务　/　211
16.2　公域转私域，只要 ROI 为正，别怕投流量　/　213
16.3　酒店旅游交叉销售，多一份成交可能性　/　214
16.4　五合院民宿：忙时线下聚客，闲时线上营销　/　215
16.5　白云宾馆：老牌酒店的私域新尝试　/　218

16.6　iTREE 爱树：提升服务质量留住老顾客，增加转介绍　/　219

小结　/　224

第 17 章　宠物行业：有温度的服务，有内容的社区　/　225

17.1　宠物医院发传单的小窍门　/　225

17.2　构建宠物内容库，在社群自动回复的百科全书　/　226

17.3　关注宠物的主人，为他们创造交流机会　/　227

17.4　档案跟踪和触达，做宠物生命周期的管家　/　228

17.5　豆柴宠物：用私域流量延展服务内容　/　229

小结　/　230

后记　/　231

第一篇
私域流量助力门店破局

时代的一粒尘埃落在创业者身上就是一座沉重的大山。我们无法左右变幻莫测的外部环境,我们唯一能掌控的或许只有我们自己。人间烟火味,最抚凡人心,城市里门店的发展状况是城市中人们生活质量的"晴雨表"。

第 1 章
VUCA 时代，门店经历生死挑战

据相关媒体不完全统计，2020 年有近 300 万家实体店倒闭，2021 年有近 1 000 万家实体店倒闭。本以为 2022 年线下门店会苦尽甘来，然而在 2022 年开年后 3 个月内，又有 26 家超市大卖场门店、5 家百货门店、几十家餐饮连锁门店以及家居、美妆、快时尚等众多实体零售门店宣布已经或即将闭店停业。2021 年的实体零售业关店潮，2022 年仍在继续。2020 年北上广深（北京、上海、广州、深圳）部分餐饮品牌倒闭情况如表 1-1 所示。

表 1-1 2020 年北上广深部分餐饮品牌倒闭情况

主要区域	品　　牌	品类	关店情况
北京	鳗鳗的爱	日料	原 18 家店，现仅剩 5 家店
	鳗步	日料	原 4 家店，现仅剩 2 家店
	活鳗饭：鹅肝范儿	日料	2 家店暂停营业
	虎兵卫鳗白烧总本店	日料	现仅剩 2 家店
	江户前寿司	日料	原 16 家店，现仅剩 7 家店
	饕爷鳗用 - 西川鳗鱼火锅	火锅	现已关店
	原麦山丘	烘焙	关闭 13 家店
	杯欢制茶	茶饮	现已关店
	瑞幸咖啡	咖啡	北京店关闭 80 家
广州	渔民新村	中餐	龙苑店、临江店等店宣布关店
	胡桃里	中餐	广州增城万达店关店
	点都德	茶楼	广州关闭 5 家店，机场手信店关闭
	美而廉港式茶餐厅	茶餐厅	现已关店
	东福美食园	快餐	3 月 19 日宣布停业
	牛香炭火烤肉鳗鱼 6 号店	韩料	已结束营业
	牛香炭火烤肉 3、5 号店	韩料	已结束营业
	春天日韩料理	韩料	已结束营业
	景福宫	韩料	已结束营业
上海	大蔬无界	沙拉	全部关店
	汉泰中泰融合餐厅	中餐	现已关店
	璞本	中餐	现已关店
	一丈红	中餐	现已关店

续表

主要区域	品牌	品类	关店情况
上海	赫蔻	中餐	现已关店
	萤七人间	中餐	现已关店
	VA BENE 华万意意大利餐厅	西餐	现已关店
	莫尔顿海鲜牛排坊	西餐	现已关店
	莫尔顿牛排坊	西餐	现已关店
	莫尔顿扒房	西餐	现已关店
	Cafe montmartre 梦曼特西餐馆	西餐	现已关店
	潮老 K. 新潮汕	潮汕菜	7月结束营业
	一起去赶海	海鲜	7月结束营业
	居食屋和民	日料	关闭了所有的7家分店
	膳月割烹日本料理	日料	现已关店
	Poke Lab 日韩料理	日料	转让结业
	多乐房土豆汤	韩料	现已关店
	广统领烧肉	韩料	现已关闭1家店
	陌室设计书吧	咖啡	现已关店
	卡啡那	咖啡	现已关店
	Fiu Pump 咖啡	咖啡	现已关店
	宜芝多	烘焙	70多家店关停
	克莉丝汀	烘焙	关店约98家
	可颂坊	烘焙	门店接连关闭
	马哥孛罗	烘焙	8月结束营业
	85度C Woah	烘焙	现已关店
	贝思客	烘焙	门店全部关店
	集食想乐	快餐	现已关店
	Pho99 越南米粉	快餐	关闭3家店，仅剩1家店
	食光小灶	快餐	9月结束营业
	山海精蟹粉火锅	火锅	现已关店
	双鸡报喜火锅	火锅	现已关店
	品饕 PINTAO	甜品	现已关店
	星 Bar 餐酒吧	酒吧	3月结束营业
深圳	醉翁亭	中餐	现已关店
	香蜜湖丹桂轩	中餐	现已关店
	新梅园	素食	现已关店
	饔和民	日料	3月1日结束营业
	BEEPLUS LIFESTYLE 超级烘焙工坊	烘焙	12月1日结束营业

从表 1-1 中不难看出，越来越多的门店面临着关店危机。门店的发展状况，是一个城市中居民生活幸福指数的晴雨表。当前，线下门店面临着地价升高、租金上涨、人力成本增加以及线上网店抢占销售市场等一系列问题，在充满变数的复杂环境中艰难发展。

1.1 红利消失，门店受困于线下

目前，随着经济发展速度不断加快，租金成本、设备成本、人力成本等多方面成本不断升高，往日受益于"线下体验"的门店经济，开始面临高成本下的利润缩减。同时，随着新技术的产生与逐渐成熟，互联网电商行业蓬勃发展，原本生机勃勃的线下门店，客流量也被逐渐引入线上。

我们曾经花了大量的装修、营销、选址等成本，就是为了让消费者到线下来，来到我们的门店里，感受我们的服务和品牌，然后让消费者开心、自愿地消费，但是在成本上升、客流量减少的影响下，新的环境变化正在吞噬我们曾经构建的优势，在店里等着客人主动上门来消费，似乎越来越难了。

这些变化给我们指出了一个风向标：线下门店是时候变革和升级了。用传统的思路和方式经营门店的流量，可能已经无法适应新的时代和新的挑战了。门店的数量曾经是我们实力的象征，是我们品牌江湖地位的代名词，但是在当前环境下，门店的数量似乎成了品牌的大包袱。诸如海底捞这样的餐饮头部，也不得不闭店求生。

开过门店的人都知道，线下门店成功的第一要素就是选址。只要选对位置，门店就已经成功了一半，再把另一半的"产品、服务、体验"做好，那么门店的发展前景就不会很差。好的位置能够给品牌带来稳定的流量，在很长一段时间里，"唯选址论"成为开一个门店的金科玉律。但其中存在以下两个重要的变量。

（1）拿到好位置的成本越来越高。固定的好位置本来就是稀缺资源，一个商圈的黄金位置或许就是一楼的 20%，当大家都在抢好位置的时候，获得的成本就会越来越高，租金自然也越来越贵。

（2）客流量流失的情况下，好位置的流量效率失灵。线上电商使消费者购物的便利性大大提高，消费者心理也逐渐发生变化，更倾向于线上选购、送货上门的购物方式。受此影响，流量的获取效率大打折扣。并且，线下流量的获取并不稳定，存在断断续续的情况，这无疑又给门店增加了额外的营销和获客成本。

综上，线下门店要在充分利用门店特性和优势的基础上，适配当下快速变化的环境，理解和运用好新的技术，帮助品牌健康地存活下来。该关的店果断关闭，该调整的模式果断调整，不要让原本有独特优势的线下店，成为品牌发展的制约因素，更不要让亏损的门店成为压死骆驼的最后一根稻草。

1.2 越来越贵的流量，买还是不买

有一句被广泛传播的话："流量是一切生意的前提。"这意味着有流量才会有生意，所以开店的时候我们才会那么关注选址，如图1-1所示。好的位置自带流量，因为消费者每天能路过、看到，门店才有机会触达潜在消费者，才有机会产生交易。好的地段、好的商圈一铺难求，但很多品牌都不惜耗费巨大成本拿下流量旺地。可以说，租金就是我们为流量付出的第一笔成本。

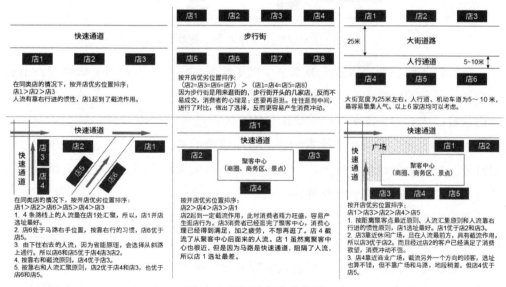

图1-1 线下选址六大理论

随着移动互联网的发展，消费者每天都会高频率地使用手机，他们在手机上查阅资讯、开展社交、线上支付等。伴随着新技术的发展，还出现了各大流量平

台。无论是淘宝、京东,还是美团、口碑,它们都用技术构建了线上的黄金旺铺,早期疯狂补贴及低成本的流量吸引了众多品牌在各大平台上开店。有流量的地方就有生意,去有流量的平台开一家店,笔者称之为"平台门店"。

但天下没有免费的午餐,平台门店要支付买流量的费用,需要对"黄金位置"付额外的广告费,以换取在 App 上前排名次的曝光展示,如图 1-2 所示。门店在平台上成交的每一笔订单,都要给平台支付规定的佣金。这就是商业规则,谁给我们流量,我们就要向谁付费。只是随着竞争白热化程度加剧,营销的成本越来越高,难度越来越大。

图 1-2　商家需要不断投入费用获得曝光位

在平台发展早期,很多品牌都享受到了流量的红利。平台为了快速抢占消费者心智、培养消费者习惯,发放大量补贴,有的品牌抓住这个阶段的流量红利,快速让自己成长为头部玩家。无论是每年不断创造"双 11 成交额"神话的淘宝,还是"千团大战"后带来本地生活消费市场繁荣的美团,抑或是近几年风头正劲的抖音,每一个新流量平台的出现,都一定会带来市场格局的变化,而那些懂得平台规则的人往往是第一批赚到钱的人。

而门店也都热衷于不断加大流量平台的投入,通过流量营销使自己的品牌能够快速占领消费者心智以带来持续复购。但流量成本越来越高,再加上利润锐减,很多门店生存尚且艰难,更不用说大幅投入营销成本了。

流量红利没有了,我们该到哪里找新的流量?竞争激烈逼迫品牌不得不掏钱买更多流量,但是如何提升投入产出比?如何才能把买来的流量留存下来,减少重复购买?私域流量就是在这个大环境的催化下踏步入场,逐步进入门店运营者的视野。

1.3 私域流量成为门店必需品

让消费者看得见是点燃消费冲动的要素,让消费者持续看得见是消费者产生重复购买的重要催化剂,让消费者看见了且记得住是成就品牌的基本前提,而这一切都建立在流量的基础上。

那么,流量来自哪里就非常关键。街边路过、搜索推荐、电商平台、熟人介绍、街头传单、短视频带货、私域流量等,无论这些途径看起来、听起来多么先进或多么落后,其本质都是渠道。而从流量的分类来说,大抵上可以分为公域流量和私域流量两类。公域流量是开口流量,意在展示曝光;私域流量则重在留存运维,更强调与用户的交互。

当前,很多门店都借助微信的私域属性,在社群里分享门店的活动,在朋友圈里发起团购。还有一些门店针对已经有的存量消费者开展了很多营销和互动活动,这样不用通过第三方平台,就实现了线上成交。私域流量就是我们自己拥有的、能够免费多次触达和使用的流量。私域流量的运营,有以下几个重要的前提。

(1)门店要有流量留存的意识,先给自己缝一个装流量的"袋子",要把所有的流量留下来,而且要用更容易操作、更高效触达的方式将流量留下来。

(2)门店要利用流量使会员从成本中心变为利润中心,会员能够持续复购,为门店创造利润。

(3)门店需要一套科学的公域、私域流量运营体系。门店的流量池有兴衰周期,会不断地有消费者离开私域流量池,也会不断地有消费者进入流量池。门店要运用科学的方法来构建运营体系,让私域流量池有一个健康的循环,外部不断地有"活水"进入体系,内部有合理的留存机制,让更多高价值的消费者留存下来。

以前,位置上佳、装修风格新颖的门店更容易成为网红店,也更容易获得源源不断的消费者。后来,懂得在平台上做SEM(搜索引擎营销)、懂得运营线上流量的门店,能够获得潮涌般的线上订单。而这几年,老板们聚在一起讨论得最多的是怎么运营抖音、快手、小红书等流量平台。在算法的加持下,有的品牌在流量平台上一夜爆火,甚至吸引了几百位加盟商的加入。流量红利演进过程如图1-3所示。

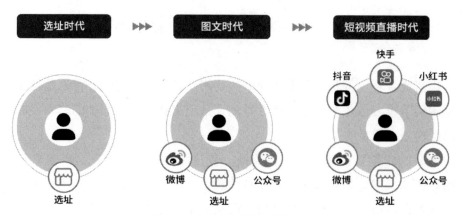

图 1-3 流量红利演进过程

一波又一波的新流量，让门店眼花缭乱，一个又一个新流量带来的造富神话也让大家浮躁不安。追逐新流量带来的机会无可厚非，但门店要始终坚持自己的发展方向，打造自己的特色，避免成为"四不像"。无论是抖音探店还是团购套餐，在线上下单的消费者要么到店消费，要么选择外送。总之，无论流量来源于哪里，最会和门店产生交互。

既然如此，我们只需要抓住流量的关键入口，就有机会把这些花钱买来的流量变成我们的留存流量。而私域流量，就是要把外部所有能够获取的流量沉淀进自己的私域里。私域流量无法让门店一夜暴富，但持之以恒地经营下去，可以为门店提供生意保障。例如在开店的第一天就把私域流量体系植入进去，每天积累100人，一个月就有3 000个新的消费者。

生意的天平有两端，一端是拉新，一端是复购。很多门店会更喜欢拉新，因为大量新流量的涌入，对业绩提升的作用是直接的，也是最快速、有效的。交易额＝流量×转化率×客单价，这个公式适用于所有的生意。当大家在讨论流量的时候，往往都是在讨论新流量，却忽略了存量的巨大价值。而在新流量红利见顶的时候，我们是时候好好地研究一下如何激活存量了。

消费者在手，生意不愁。从最早留下消费者的手机号码，到要求消费者关注公众号、进入小程序，再到这几年很火的加微信群，很多门店其实一直在想办法把消费者留存下来。虽然留客手段随着新技术的演进而不断变化，但这些手段有着共同的本质：高效触达老顾客。

需要注意的是，本书探讨的私域流量有以下几个前提。

（1）仅针对微信生态，即如何在微信生态中经营自己的消费者。因为在笔者看来，在消费者最容易接收信息的渠道经营消费者的效率最高。微信依旧是当下最高效的沟通工具，微信的互动、营销功能，依旧是当下门店运营私域流量最有力的保障。

（2）围绕微信生态运营私域流量，会涉及多个元素。微信生态有朋友圈、社群、一对一私聊、小程序、公众号、视频号等元素，在进行私域流量运营时，可以将这些元素排列组合，如图1-4所示。

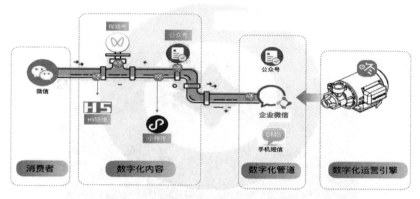

图1-4　微信生态中各元素的角色分工

一般来说，门店在微信生态中运营私域流量的做法是：用企业微信来构建流量池，加好友或者建群都用企业微信；用小程序来承担社群里的商品购买功能；用视频号和公众号来输出内容及进行品牌表达；用朋友圈来"种草"和潜移默化影响消费者；用一对一定向推送和群内推送来做强触达。门店可以用企业微信来构建私域流量运营的基础。门店只需要下载企业微信，而消费者可以用自己的个人微信添加门店的企业微信或进入门店的社群。这不影响消费者的任何体验，消费者也不会有隐私被侵犯的感觉。

（3）企业微信是运营私域流量的一个必需工具，但是品牌要成体系地开展私域流量运营，还需要第三方工具，如咚咚来客这样的服务商。因为品牌需要针对消费场景进行二次开发，需要针对消费者和社群进行数据计算，还需要根据不同门店的不同私域消费者制定有效的运营策略。

我们可以把门店的私域比作一个奶牛牧场，我们给奶牛（流量）喂草（优惠、互动），奶牛每天产奶（订单），奶牛的粪便又给草原提供养料（信任），长出来的嫩草又提供给奶牛（内容及互动），如图1-5所示。科学的私域流量体系是一个健康的生态，是一个各要素互相驱动的增长模型。

图 1-5　私域就是一个牧场生态

当线下流量不持续、不可控，平台流量买不起、"羊毛党"横行，私域流量运营就成为品牌谋求发展的必要之举。私域流量运营的关键在于搭建私域，即确保流量是属于品牌自己的。

1.4　摆脱"消费者进店靠缘分，离店就失联"的困扰

我们不希望门店和消费者只产生一次关联，如果每一个进店的消费者都是新客户，获客成本会很高。所以门店会设计非常多的锁客策略，以前最常见的方式是发各种各样的优惠券，或者引导消费者充值成为会员，期望用"这里还有你的钱"来留住消费者。但在这个信息爆炸的时代，消费者每天的注意力被无限地分散，我们如何才能和消费者建立更加高频的连接，如何才能主动影响消费者消费，如何让自己的门店脱颖而出，而不是在店里等着消费者上门呢？很多门店都曾考

虑过这些问题，但苦寻答案而不得。

为什么消费者进店靠缘分，离开门店就失联了呢？我们都知道要去人多的地方开店，因为消费者在哪里，我们就要去哪里。当现在的主力消费人群都是互联网原住民的时候，我们也必须使门店线上化，随时在线才能和消费者产生更多连接，才能和消费者随时保持合作关系。数字化时代，各行各业数字化转型的进程都加快了，大多消费者已经线上化、数字化了，因此线下门店也必须数字化。但是数字化的概念太大了，要做的事情也太多了。笔者做了很多研究，下面跟大家分享一个高度精练的"品牌数字化铁三角"。想要突出重围、获得良好发展的门店，可以在这个"铁三角"的3个元素上付出精力和金钱。

1 产品和服务在线化

这指的是消费者在互联网上必须能找到、买到门店的产品和服务。在过往10余年互联网发展的历程中，门店基本都完成了产品和服务在线化，只不过借助的是那些掌握流量的中心化平台。例如，消费者在淘宝上可以买到产品，在美团上可以搜到门店和套餐等。而现在也陆续有门店创建了自己的小程序、公众号，消费者可以在微信搜到门店的小程序、公众号，因此消费者可以在微信这种去中心化的生态里通过门店的公众号或小程序购买产品或服务。随着微信公众号、小程序的迅猛发展，产品和服务的在线化普及率已经非常高了。

2 员工和组织在线化

这指的是员工能否在线办公、能否远程实现组织协同。最简单的一个检验方式就是老板和员工不见面，工作能不能正常开展。有微信这样的沟通工具，以及各类办公软件，如企业微信、飞书、钉钉等，员工、组织之间的协同效率大幅度地提升了。随着线上远程办公软件的发展逐渐完备，很多组织都具备了开展居家办公、远程协作的能力，逐渐进化为能够远程办公的在线化组织。

3 消费者关系在线化

产品在线上，员工在线上，对消费者关系的维系也一定要在线上进行。线下门店需要人气，线上门店也需要人气。门店与消费者必须建立双向连接，就像在线下做生意一样，与消费者建立信任关系，开展互动。消费者关系在线化是门店运营数字化里最重要的一环，但非常容易被忽略。有的商家以为开店就是简单地找个地方，既不重视消费者关系的管理，也不花时间研究消费者的喜好。如此一来，门店没有熟客，更没有愿意在门店每次推出产品时都积极购买的忠实粉丝，注定难以获得长期发展。一个能够运用数字化手段对消费者的关系进行管理与运营的门店，必然能够披荆斩棘，步入一个新的发展阶段。

私域流量就是以"消费者关系在线化"为出发点，从加个微信、建个群开始，构建起门店与消费者的关系链。私域流量运营是成本最低、最高效的实现门店运营数字化的手段，而通过私域实现消费者关系在线化，再用数字技术手段实现在线上经营消费者，帮助品牌实现消费者留存和复购率提升的目标是本书的出发点。

1.5　公域流量靠抢，私域流量靠养

与私域流量对应的，是公域流量。私域流量是自己的，公域流量是别人的，比如美团、百度、抖音、小红书等平台的流量。如果说得再宽泛些，公域流量还包括别的渠道的私域流量，如购物中心的私域流量就是购物中心某餐饮门店的公域流量。

我们需要想办法持续地将公域中的流量吸引到我们的私域中。公域与私域不是对立关系，并不是有了私域就不要公域，或者公域就容不下私域，而是要实现二者的互相配合、互相补充。总的来说，公域与私域是相辅相成、共同助力门店发展的关系。但需要注意的是，当品牌的私域流量体系建设完善后，可以降低公域流量对重复流量的付费成本，而只需要为获得的新流量付费。

例如餐饮门店在没有自己的私域流量时，对于美团上的每一个订单，都需要支付佣金或者广告投放费用，但这些订单也包含已经在店里消费过的老顾客所下的订单。而通过私域流量直接和消费者建立关系后，老顾客可以直接从门店私域中的购买入口进入购买产品，门店不需要向任何第三方支付推广费用和佣金了。此时，门店只需要专门针对平台上那些没来过门店、没有进入门店的私域流量池的新流量设置营销预算即可，这在一定程度上可以合理地节约营销成本。

我们必须知道，公域是一片海洋，有无数的"渔夫"在这里"打鱼"，谁的"渔船"更大、手段更高明、谁更懂规则，谁就能够打到更多的"鱼"。无论是在美团、小红书还是在抖音上获取流量，门店都需要付出成本并要用更加有效的手段使流量快速留存。

当我们决定去公域流量平台"打鱼"的时候，不要舍不得花钱，该花的钱一定要大胆花，一定要测算好ROI，敢于投入。但在平台做广告投放的时候，必须带着运营私域流量的思维，要想办法将获得的每一个消费者留存到自己的私域流量池中，并通过数字化的经营手段使其持续产生复购。

公域流量靠抢，而私域流量靠养。我们要投入时间、精力运营私域流量，构建一个属于自己的健康的私域生态。

小　　结

目前，在合适的位置开一个颜值高、产品质量好的门店的难度已经降低，线下门店的竞争进入新的纪元。在门店基本条件差不多的情况下，谁更懂得运营消费者就成为在市场上胜出的关键要素之一。在新冠病毒感染疫情的催化下，私域流量优势凸显，因此很多门店开始重视私域流量运营。

但私域流量并不是凭空出现的新概念，而是门店的"新一代互动会员"。在私域中，门店能够通过数字化工具与消费者双向互动，从而提升消费者黏性，促使他们复购，但门店需要搭建科学的逻辑和体系，这样才能实现消费者运营的数字化。所有的生意都值得在私域中再做一次，但需要特别注意的是：

（1）私域不只是一个流量通道，而是一种新的生意模型，是建立在双向互动关系上的会员体系，是未来门店规模化发展的基础设施，需要门店提前规划和思考。

（2）自己的流量池越大，对外部流量的依赖就越弱，掌握流量主权能够降低门店的营销和获客成本。本章为读者做了一个整体的概念导入，使门店从追逐流量的"网红店"向经营消费者的"长红店"升级。

第 2 章 开启私域门店新时代

时代的变化会催生新的商业模型。20 年前商业地产的快速发展，带动了线下门店的快速扩张。无数门店拔地而起，选址就是最重要的事情，各商家会去争抢商圈里某几个核心位置，也会削尖脑袋进驻核心商圈。随着近 10 年移动互联网的发展，各大互联网平台将全世界的人汇聚在线上，一个小小的 App 就有巨大的商机。例如，美团、抖音等平台掌握着分发流量的权力，谁更懂平台规则，谁就能获得更多曝光，谁就能获得更多订单。

2.1 什么是私域门店

互联网电商的发展，使得消费者到店的频次下降了、线下门店的流量失灵了，因此线下门店不得不更加依赖线上平台。可是越依赖线上平台，就会被这些平台捆绑得越深。如果门店没有掌握流量主动权，除了原来的线下流量外，没有属于自己的线上流量，那么门店也就只能将自己的前途命运交到那些线上平台的手里，而且每成交一个用户，都需要给平台支付佣金。最关键的是，流量成本越来越高，很多商家辛苦经营一年，似乎也只是在给各个平台打工。

一些领先的线下品牌发现了新的机会，如西贝在几年前就开始采用店长加消费者微信的流量运营方式，把消费者从线下留存到线上来；瑞幸咖啡拉群送优惠券，围绕固定群体开展优惠活动，业绩逆势增长；乐凯撒比萨在近几年时间内获得了 40 万微信好友，3 天卖出代金券 600 万元。以加微信好友、拉群为典型方法的私域流量运营大行其道，很多商家开始意识到流量留存和流量拉新同样重要，也意识到构建好自己的私域流量池，才能获得对流量的掌控权。

于是基于私域流量的新一代门店应运而生，很多线下门店纷纷在私域里开店。私域门店是与线下门店、平台门店并列的第三代门店，让线下门店在线上获得发展的机会与可能性。看上去似乎私域门店也是在线上做生意，但跟原来在第三方线上平台开店不同的是，私域门店是在自己拥有的线上私域流量池里把生意再做一次。

为了讲清楚"私域门店"的概念，笔者经常会将线下门店、平台门店与之做类比。简单来说，私域门店是去有流量的地方开一个能赚钱的店，这个店既可以是实体的也可以是虚拟的。在线下开店，要选有人流量的黄金位置，因为这里有足够可以撑起一家店的客源，但我们不得不为这个有人流量的好位置付出租金。在美团、抖音等平台上开店，我们需要花钱买流量获得曝光和订单，平台为我们提供配送、推广服务。这就是商业的规则，为别人给自己提供的价值埋单是很公平的。

只是当门店越来越多，供给大于需求的时候，流量会越来越贵。正如商场的黄金位置每年都会涨租一样，平台的推广费也越来越高。如果门店花钱获得的每一个消费者不能有效地转化和留存，那么投入产出就无法平衡，门店的发展就难以持续。正是因为流量的留存越来越重要，所以私域流量运营越来越受欢迎，而每个有品牌意识的门店都开始重视和构建自己的流量留存体系，即打造自己的私域流量池。

打造私域流量池是当下最简单和易操作的流量留存方式。对于门店来说，加个微信就能把线下的消费者、平台的流量留存在自己的私域流量池里，而且还不用对这群老顾客重复花推广的钱，还可以对老顾客开展各种营销活动。门店想要在自己的流量池里用一套解决方案实现低成本运营并促使消费者复购，便要借助私域门店。为了让大家更容易感受到私域门店的重要性，笔者将线下门店、平台门店与其进行一个简单的对比，如图2-1所示。

图2-1　线下门店、平台门店和私域门店对比

1 线下门店

在线下有流量的位置开一家店,我们就可以从选址开始构建自己的流量池,然后利用门面装修、环境设计、门口的展架开展营销活动。线下流量池—线下营销—店内交易,这就是一个线下门店健康运转的基本路径。

2 平台门店

在有流量的线上平台开一家店,我们可以通过优化关键词、提升排名享受平台的流量红利,然后通过投放广告来提升曝光量,最后在平台实现成交。

3 私域门店

在自己的私域里开一家店,首先,我们可以通过加消费者好友、拉群来构建自己的流量池;然后,通过在微信里做活动、与消费者互动,提升消费者的信任与忠诚度;最后,通过在社群里推送小程序或者活动链接来做交易转化。

三者都是在有流量的地方开一家能赚钱的店,但私域门店与线下门店、平台门店最大的区别是重新设计流量结构和运营策略。做好私域门店的运营,加好友、把消费者拉进群只是第一步,也并不是简单地在群里"上架一个商品"。要玩转私域流量运营,门店需要思考如何洞察消费者需求投其所好、如何通过各种营销活动让消费者跟门店建立深度连接、如何展现门店的魅力让消费者对门店产生深度依赖。

在思考这些问题的过程中,门店既要构建自己的流量池(要打井),还要运营消费者(自己打水)。在私域门店早期发展阶段,大多数商家都一头雾水,虽然内心明白运营好私域门店很重要,但是怎么做、从何下手,他们却不得而知。这种跨领域的运营模式,确实容易让商家望而却步。笔者写这本书的初衷,就是要把这些复杂的运营策略变成简单易操作、可实际落地的体系,尽可能地让更多商家跟上数字化的浪潮,轻松运用私域流量这个武器,不需要付出高昂的成本就可以开好一个能赚钱的私域门店。但即便我们已经服务了千余个品牌,方法论和解决方案依旧在持续迭代。路长且艰,时代需要先锋者,我们一起来探索,一起来开创。

开一个私域门店,你会欣喜地发现自己的流量可以免费使用,还可以直接和消费者对话,甚至可以用全新的方式来塑造有消费者参与的品牌,但是产生的交易没有高额的佣金。凯文·凯利曾提出"1 000个铁杆粉丝理论",即只要我们拥有1 000个铁杆粉丝,无论我们是销售产品还是服务,他们都愿意付费购买。因此,门店要明确私域流量池的重要性,在私域中发展自己的铁杆粉丝,让铁杆粉丝推动门店更好地发展。

2.2 把流量变留量,不在"金矿"上哭穷

对于门店来说,私域流量运营的作用一半在于提升品牌力,一半在于增加复购交易。提升品牌力是一个持续且漫长的过程,但最终的落脚点在于促成私域中的交易。关于私域流量有一个简单的计算公式:私域GMV(商品交易总额)=私域流量池规模 × 私域用户活跃率 × 订单转化率 × 客单价 × 复购次数。从这个公式中我们可以得知,要开一个赚钱的私域门店,首先要扩大自己的私域流量池规模。门店可以利用现在已经有的所有流量入口,把所有流量留存到自己的私域流量池中。

流量就像天上下的雨,在下大雨的时候,我们要记得用自己的盆子去接住这些雨,盆子里贮存的水就是我们自己的流量。但门店最容易忽略的就是流量的留存,因为总有很多办法能够获取新流量,例如可以花钱请一些"红人"来探店、花钱投放广告、做促销等。如果门店每天都有络绎不绝的人流量,那么门店对于存亡的危机感会降低,更不会想到把到店的消费者留存起来。这就好比如果天上一直在下雨的话,我们就不会想到干旱,也丝毫不会重视蓄水的必要性。只有当流量贵到快买不起时,门店才意识到曾经有的大量的流量都没有留存下来。

稳定的客流量、优越的地理位置,就是门店的独特优势,就是门店的"流量金矿"。门店需要有意识地去将到店的、能触达的消费者留存起来。在做消费者留存的时候,门店可以采用以下这些方法:让消费者留手机号码;让消费者关注公众号;让消费者收藏小程序;让消费者进群或加好友。

门店要尽可能地采取多种方法,以达到消费者留存效果最优化。现用一张表格简单地帮助大家梳理这几种方式的优劣和效果,如表2-1所示。

表 2-1　4 种留客方式的优劣势比较

留客方式 优势或劣势	留手机号码	关注公众号	收藏小程序	进群或加好友
优势	可以精准联系到消费者	可以通过图文、视频影响消费者	缩短与消费者产生交易的路径	可以随时随地用内容、活动、交易去影响消费者
劣势	接通及转化率低，同时有短信费等触达成本	内容的编辑成本高、消费者打开率逐年下降（文章平均阅读率不足3%）	被动等待消费者点击，无法主动影响消费者。主要承载业务履约	需要运营

私域流量的劣势是需要运营，但其实运营自己的朋友圈、在群里互动比发一篇公众号文章简单多了。而且只有在设计活动的时候我们才需要打开电脑来做一些策划工作，其他时间都可以在手机上做推送、维护。如果门店数量较多，管理的私域消费者数量较多，在电脑上操作会更为简单、高效。

真正复杂的是运营思路，如在自己的社群里开展什么活动、如何策划流程等。其实网络上有很多活动策划的模板，门店可以根据自己的实际情况运用合适的模板，并充分体现门店的特色。

不同的门店可采取不同的私域流量运营策略，但有一个核心是：充分结合自己的实际情况及运营需求。从触达效率和互动效果来看，加微信好友或者进微信群是已经被验证的较为有效且简单的私域流量运营手段。经常会有人疑惑：如果门店都加消费者的微信或者让消费者加入社群，那么消费者会不会厌烦？其实这也是私域流量很有趣的地方。确实大多数门店会加消费者为好友，但不是所有的消费者都愿意进入门店的私域并在私域中留存下来。

不同的门店本来就会有不同的客群。例如现在几乎每个品牌都有自己的公众号，但消费者不会关注所有的公众号。或许因为某些活动，消费者关注了公众号，但一旦公众号的内容没有给消费者创造价值，消费者就会果断地取关。当下，私域流量运营还处于红利期，做的品牌还不算多，所以消费者扫码的动力还是很容易被激发出来的，但一旦品牌后面做的运营行为跟消费者的诉求不一致，甚至损害了消费者的利益，消费者就会退出私域流量池。消费者会自己判断私域流量池的价值，从而决定去留。

门店要做的，就是设计一个为消费者创造价值的利他型运营逻辑，让消费者持续地在私域中获得价值。这样既可以跟消费者建立关系，又可以通过高频互动主动影响消费者。其实已经有很多门店都在用加消费者微信的方式来留存和维护消费者了。在利用微信平台加消费者好友时，门店可选择个人微信或企业微信的方式。个人微信和企业微信的对比，如表2-2所示。

表2-2　个人微信和企业微信的对比

个 人 微 信	企 业 微 信
定位：个人社交生活通信工具	定位：企业协同及连接工具
每个微信号独立，无法统一管理数据	一个企业可以管理多个账号，数据互通
没有自动化能力，管理用户的效率低	丰富的API（应用程序编程）接口，可以做各种场景开发
1个微信号只能加1万粉丝	企业加粉数暂无上限

两者还有很多区别，大家可以通过多种渠道进行深入了解，本书就不做更详细的拆解了。一些小微门店，对数字化的要求并不高，更不需要大规模运营自己的私域消费者，因此用个人微信就足够满足留存消费者和互动的需求了。但对于连锁加盟品牌的门店来说，企业微信是最好的选择。企业微信可以更好地为私域流量池的搭建奠定基础，而且越早开通企业微信，留存消费者的成本越低、回报越高。除非未来有一天企业微信做了重大结构性调整，或者微信不再是国民使用最多的通信工具，否则微信一定是最有效的搭建流量池的工具。

当门店只有100个粉丝的时候，用个人微信和用企业微信加消费者好友没什么区别；当只有1个店的时候，用不用企业微信也不是最紧迫的事情。因为在这个阶段，私域流量运营还不复杂，不是必须用数字化的手段运营消费者。所以对于小店来说，企业微信不是必选项。

但是当拥有多个门店之后，所有门店的消费者如何才能被统一管理？总部是否能看到各个门店社群的数据情况？没有数据，怎么指导策划部门开展活动？同时，门店、用户多了之后，需要各种提升效率的功能，例如加好友不需要人工同意，直接自动通过；进群不用人工发欢迎语了，系统自动推送。

总而言之，开小店不要纠结工具，先关注生存的问题。而人气旺铺自带流量，一定要用企业微信这种高效率工具提升自动化管理的能力。有多个门店的连锁品牌必须选择企业微信来奠定私域流量运营的落地基础。

在搭建流量池的过程中，门店还需要选择类似咚咚来客这样的数字化工具，实现更有效的私域流量体系搭建。

2.3 产品应该有"情感",让货去找人

你有多久没有逛过传统的百货商店了?在以前物资匮乏的时候,消费者需要凭票购买商品。随着经济水平的提高,逐渐出现了线下的百货商店,大家都以逛百货商店为时尚。百货商店里有很多货架,货架上摆放着各种商品,消费者想要买哪个商品就从货架上自取。但是随着时代的发展,现在消费者大多在淘宝、京东等电商平台上购买商品,而不需要再去线下逛百货商店了。而且线下的百货商店也演变为更有体验感、更能刺激感官的购物中心,购物中心因此成为很多消费者在城市消费打卡的目的地。

对于单个门店来说,演变逻辑也是一样的。例如20年前,只要在有流量的地方开餐厅,而且菜品味道不是很差,那么生意就不会差。20年后,消费者除了追求菜品色香味俱全外,还追求店铺装修、设计别具一格、有情调,最好还能满足自己拍照打卡的需求。后来,门店的装修更有品位了,开始出现极致的产品主义,出现单品、爆款战略,门店开始追求在一个单品上做到极致,如巴奴火锅。

消费者的需求在不断变化,消费者不缺能够买到商品的货架,但是消费者需要情感价值,他们在寻找共鸣、共情以及与自己利益一致的契合点,如图2-2所示。

图2-2 淘宝货架 vs 拼多多限时秒杀

私域中的产品和活动，一定要具有情感价值，要能激发消费者参与的冲动、分享的欲望、传播的动力。门店应做到让货去找人，而不是等人来买货。

正如很多门店在线下卖的套餐与在美团卖的套餐会有一定差异性一样，在私域门店中销售的商品也一定不能简单地照搬线下商品的销售模式，而应设计新的模式来让货找人。

要做到让货去找人，门店就应该用数据去洞察私域流量池中消费者的喜好，了解消费者在想什么、喜欢什么、在社群里讨论什么，同时能预判消费者想要购买什么。

2.4　私域社群是品牌互动的新阵地

品牌才是最大的私域流量池，品牌建设是"道"，围绕品牌展开的一切营销活动是"术"。当一个品牌能在消费者心中形成心智预售时，那么这个品牌就能获得巨大的品牌效应，商场会给它免租，甚至倒贴装修补贴吸引它入驻商场。例如想要喝可乐时，很多消费者大概率会想到可口可乐，从而产生购买可口可乐的行为，这便是品牌效应。

有了品牌效应，门店就可以享受巨大的消费者心智红利。品牌是最大的私域流量池，但品牌建设不是一蹴而就的，而是一个持续的过程。品牌建设的背后有一个关键点：占据消费者的心智。

如何才能占据消费者的心智呢？有研究发现，品牌出现在消费者面前的频次会极大地影响消费者的决策。例如麦当劳靠大量的门店点位，让消费者走几步就可以看到它；王老吉用大量的广告曝光和货架占有率增加在消费者面前曝光的频次。越是在消费者面前频繁出现的品牌，就越容易影响消费者的决策。但是用巨额的广告费来做规模化的曝光，或者快速开出更多店，对于绝大多数门店来说不现实，成本也太高。那么门店该如何做呢？

为了快速把这个逻辑讲明白，笔者粗浅地把品牌分为国际品牌、中国品牌、区域品牌。不是所有品牌都能成为国际品牌，也只有极少数品牌能够成为中国品牌，而我们却有机会创造区域品牌，例如老乡鸡曾经是安徽的一个区域品牌，但现在是中国品牌。

区域品牌又可以被拆分为城市品牌、小区品牌。小区品牌是我们开店的最小颗粒度，这里的小区不单指社区，而是指一个流量区块，比如购物中心、学校周边等。我们的每一个店，都开在一个流量区块中，我们如何让这个区块中的消费者每天都光临我们的门店呢？我们如何才能增加品牌在这个区块里曝光在消费者面前的频次呢？

答案是创建一个区块社群。我们可以每天在群里发优惠券、发起拼团活动、让群成员参与新品的研发、推出爆款套餐、推出新品优惠活动等。以前消费者是否进店全靠缘分，而且基本上消费者离开店就失联了。除非消费者在某处看到门店花钱投的广告，或者在店门口被门店的某一特质吸引，否则很大概率消费者不会进入门店，也不会购买。

但说到做社群，就会有商家纠结如果有消费者在群里恶意投诉带节奏怎么办。确实有很多商家有这个顾虑，甚至还有一些媒体说"开店做生意就别拉群"。这个问题我们可以一分为二来看。

1 消费者在群里投诉如何处理

对于消费者的投诉，如餐品中有头发、便利店卖过期食品等，如果门店确实做错了，就要直接面对消费者提出的问题，给消费者退款、道歉，甚至补偿。门店应该主动积极地解决问题，让消费者看到品牌对消费者的认真态度。

如果消费者找不到一个宣泄口，而且问题得不到正面解决的话，他一定会通过其他渠道发泄。在"人人都是媒体"的时代，门店尽量不要使"家丑外扬"。如果消费者不在门店的社群中投诉，他可能去抖音或者微博投诉。在自己的社群中将问题解决，就能够把投诉变成一次很好的展示品牌价值观的机会，还能获得更多粉丝。所以，门店要处理好消费者在社群中的投诉，利用好展示品牌价值观的窗口。

2 是否要将消费者拉进社群

对于高频、高复购的行业来说，如茶饮、烘焙等，是先将消费者拉进社群还是先加消费者为好友都可以，因为这些行业的产品相对标准化，消费者进群更多是参与互动和享受优惠。对于重服务的行业，如医美、餐饮等，建议先加消费者为好友，然后再根据其特性来判断要不要将其拉进社群。

当群里有人带节奏时，门店可以合理使用企业微信的一些小功能。

（1）群友去重。群友去重可以避免一个人加入多个社群。如果出现恶意带节奏的人，大概率他会在门店的多个社群里，用群友去重的功能能够减小恶意带节奏的人对群氛围的影响。

（2）加入黑名单。对于一些"惯犯"，门店可以把他加入黑名单，从此后他就无法加入门店的任何群。但归根结底，社群中出现不好的声音时，门店要采取"疏大于堵"的策略。

当用私域社群把这些消费者留存下来后，门店可以通过朋友圈、视频号、公众号文章增加触达消费者的频次，主动影响消费者。由于私域社群具有独特的双向互动优势，因此社群已经成为很多品牌进行品牌表达的重要阵地。可以说，社群是除了公众号外的另一个最佳互动阵地。而这种增加品牌与消费者见面频次的方式，既不费钱又不复杂，所有门店都可以轻易上手。让自己的门店成为某一个区块内消费者的首选，门店就已经踏出抢占心智的第一步了。

2.5　盯紧北极星指标：私域消费者复购率

门店要想做好生意，就要重视两个重要的流量端口：一个是拉新，即持续不断地获取新流量，吸引新的消费者；另一个是复购，即不断激活老顾客，让老顾客持续不断地反复消费。其实一家门店的总交易规模受周边有多少居民、有多少潜在消费者的影响，所以其总交易规模在选址时就确定了。而我们就是要在存量消费者中充分挖掘可能性，尽量使每一位存量消费者都成为门店的忠实粉丝。

例如一家店方圆3 000米居住了100万人，最理想的情况就是这100万居民都来这家店消费（这当然是不可能的，仅作为推演）。假设客单价为100元，每天最多有500人来店消费，那么这家店一天的收入极限是5万元，而这家店要做的是不断地让这100万人中每天有500人到店消费。

如何让门店所在区域的更多人知道我们的门店，如何让更多的消费者与我们的门店产生交易，如何跟所在区域的别的门店抢夺消费者，是门店在运营中需要重点思考的问题。私域门店是线下门店、平台门店的延伸，是与其他门店互相配合共生的形态，它的重要使命就是帮助门店促使老客复购，把消费者留存起来，而不用反复获取。

既然是在私域开店,我们当然希望这个店能赚钱。有人曾经用私域的总交易额来判断私域流量的价值,公式为:月度私域交易额 = 私域流量总人数 × 转化率 × 单价。但对于门店来说,一次的流量转化率不能体现出门店私域流量的特点和价值,而应该关注复购率,即运营私域之后,有多少老顾客重复购买了,单个消费者在生命周期里的购买次数或者消费金额是否增加了。复购率的计算公式为:私域消费者复购率 = (私域消费者交易人数 / 私域流量总人数) × 单用户交易次数。公式里面的私域消费者交易人数是核心变量,而私域消费者交易人数 = (私域消费者活跃率 × 有效触达的私域消费者数) × 有效转化率,因此它又受到几个关键因素的影响。

虽然我们重点关注的北极星指标(第一关键指标)是私域消费者复购率,但也可以根据门店发展的不同阶段来设置不同的阶段性重点目标。我们把私域流量的运营简单分为 4 个时期。

(1)启蒙期。在这一时期,门店刚开始运营私域流量,主要目标是构建流量池,把消费者吸引到门店的私域里。

(2)发展期。在这一时期,门店有 2 000 好友、5 个以上社群,主要目标是提升活跃度,通过各种运营策略来提升日活(日活跃用户数量)。

(3)成熟期。在这一时期,门店有 10 万以上好友、100 个以上社群,主要目标是在社群中构建消费者忠诚度体系,提升消费者复购率。

(4)跨界期。在这一时期,门店在私域有稳定的种子用户,活跃消费者占比 20% 以上。门店已经拥有一定规模的私域消费者,可以与其他品牌异业合作,交换社群粉丝。传播指数(比如异业合作的活动参与率)就是阶段性目标。

门店可以根据自己所处的发展阶段,匹配对应的阶段性目标。私域的复购率会受到很多因素的影响,因此门店应找出这些因素,并有针对性地加强运营,这样才能对门店实现北极星指标起到帮助作用。门店找到影响私域消费者复购率的因素之后,就要针对这些因素进行优化。门店将所有线上线下、店内店外的流量统一引入微信社群,是为了扩大私域流量池;周期性地在社群中和消费者互动,是为了激活消费者,使其保持活跃度;隔三岔五地发放优惠券、推出爆款活动,是为了刺激购买、提高转化率。

想要运营好私域门店,既需要咚咚来客这样的第三方工具,还需要门店上下齐心协力的配合。在流量越来越贵、市场变幻莫测的今天,在自己的私域流量池里开一个私域门店已经是很多门店谋求更好发展的重要战略。私域流量运营是一个科学的过程,而不是简简单单地拉群、加好友。我们需要深入研究私域流量运营中的道与术,一旦将私域体系构建起来,各种流量就能够自动回流到门店的流量池中,并在流量池里形成交易闭环,这样一个能帮我们多赚一份钱的私域门店也就开好了。

小　　结

本章为大家简单导入"私域门店"的概念,私域门店是私域流量的衍生品,是在自己能掌控的流量体系里开个店,用私域流量把线下门店的生意再做一遍。门店自己的私域流量可以免费使用,这相当于省去了在线上开店的租金,还可以利用类似企业微信这样的工具实现数字化运营。要运营好私域门店,商家要明白以下几点。

(1) 要有把流量留存下来的意识。开好一个私域门店的前提是要有流量留存下来,要把外部的流量都聚集到自己的私域流量体系里。

(2) 数字化运营。私域流量需要运营,用企业微信构建数字化通道能够极大地提升运营效率和自动化能力。

(3) 私域流量是新一代会员,重点在于互动。门店要用好微信的互动功能,跟消费者做朋友,抢占消费者的心智,成为某一个区块中消费者的首选。

(4) 售卖的商品要具有文化内涵,给消费者传递情感价值。

第二篇
开个0租金24小时营业的私域门店

在私域中开店不能只建流量通道,就像在线下开店不能只选址一样。人气和交易能促进门店的持续发展和业绩增长。在自己的私域流量池里开一个私域门店,能够把线下门店的生意在自己的私域流量池里再做一遍,这样不仅能够直连消费者获得铁杆粉丝,还能实现0租金24小时营业,获得更多收益。

第3章
建流量池：消费者在手，生意不愁

存流量就是聚人气，只要做生意，就需要流量。门店就像一块农田，要想有好的生意，就需要源源不断的水源灌溉。我们也可以等天上下雨、靠天吃饭，但最好是有自己的水池能够实现自力更生，所以运营私域门店最重要的是要构建自己的私域流量池。

私域流量的概念在市场上火热之后，各大平台都推出私域流量概念下的各类产品。抖音、美团这些平台都有私域，为什么本书只讲微信生态的私域呢？因为无论从场景、触达效率，还是对门店运营的友好度来说，微信生态都是最强、最有效的，微信生态丰富的组件可以实现业务闭环、生态开放、完全去中心化。最关键的是，微信生态有最完美的熟人社交关系链。如果门店资源充足，那么各大平台的私域都可以布局一下；如果门店的精力和资源有限，建议重点做好微信生态的私域流量运营。

私域流量池实际上是门店存储消费者资产的"私人银行"，把钱存进银行再通过运作可以让钱生钱，而且钱还可以升值。门店要把消费者留存进自己的私域流量池中，从而随时连接和触达消费者，并通过科学的运营体系经营消费者，使消费者产生更多复购，这样门店的消费者资产也能够持续升值。

以前门店会让消费者留下手机号码，逢年过节以及消费者生日的时候给消费者发短信做促销。随着新媒体时代的到来，门店会让消费者关注公众号，给消费者发送丰富的图文、视频等内容。然而短信、图文和视频，更多都是消费者被动地接收，门店只单方面地将内容发送出去，但不知道消费者是否喜欢、有没有反馈。可以说，短信、图文和视频只能起到单向传播的作用。

在移动互联网早期，这样的传播非常有效，催生了大量相关的产业。但现在是消费者主导的时代，如何让消费者更有参与感、如何让消费者跟门店互动，成为很多门店面临的发展难题。新冠病毒感染疫情让消费者宅在家里的时间增加了，能和消费者互动的私域社群成为很多门店运营私域流量、拉动消费的最佳渠道。

让消费者加微信或者进群，门店不仅可以单向地发消息触达消费者，还能跟消费者进行双向互动，真正地跟消费者建立关系。如果再辅以类似咚咚来客这样的工具，那么门店就可以把这个关系数字化，从而更科学地管理流量、经营消费者、掌握生意的主动权。门店要学会用私域流量来建立自己的铁杆粉丝体系，让品牌生命力更强、发展更健康。

笔者建议商家以企业微信作为流量池的底座，基于企业微信来加好友、建社群，充分地运用企业微信的自动化能力提升流量运营效率和效果。此外，门店还可以基于 API 搭建数字化运营体系，从而深度连接产品、社群、消费者。

3.1　扫码，是进入私域流量池的钥匙

门店在运营私域流量时可以组合多种运营方式，但无论什么方式都绕不开加微信好友或者进群，具体表现形式就是扫二维码。互联网时代，大家对于二维码都不陌生，二维码在我们日常生活的方面面面发挥着作用，也为我们的生活带来极大便利。但对于门店来说，毫不夸张地讲，二维码是将消费者导入门店自己的私域流量池的钥匙。只要消费者扫码加了门店的微信或者进入门店的私域社群，那么消费者就不得不在门店制定的规则下接受服务。

二维码就相当于数字化通行证，门店在利用二维码构建自己的私域流量池时，一定要注意几个关键点。

第一，以门店位置为中心，尽可能地获得精准的消费者。每一次开展活动门店都需要投入资源，因此门店应尽可能地获取更加精准的消费者，否则浪费了资源也无法取得好的效果。那么什么样的消费者才是精准的消费者？对于线下门店来说，能够服务的消费者群体在周边 3 000～5 000 米范围，门店的精准流量也基本在这个范围。所以门店要给二维码搭配一个数字化功能，即用 LBS（基于位置服务）来自动判断消费者位置，让扫码的消费者进入离他最近的门店社群，这样才能更好地为后续的互动和营销提供精准的用户基础。

所以门店想要留存更精准的消费者群体，就最好基于门店位置来构建私域流量池。每一个门店都应该单独配置一个门店专属二维码，然后通过系统智能自动把离消费者最近的门店微信推送给消费者。例如门店可以使用咚咚来客的门店

LBS活码功能，通过门店的LBS活码，让消费者通过地理位置自动定位门店，关联店员活码或群活码，消费者扫码后就会被自动分配到离他最近的门店的微信群中。消费者通过LBS活码进入门店私域社群中后，门店就可以为消费者推送只有这个门店才有的专属活动，让活动更有针对性，提高消费者的到店转化率。

第二，不是在海报上放一个二维码，消费者就会主动扫码进入门店的私域流量池。门店要设计一些营销的"钩子"，这个"钩子"要有能刺激消费者产生拿出手机扫码的冲动的功能，这是吸引线下消费者进入门店私域流量池的关键设计，直接决定消费者上线率。

营销"钩子"可以是福利优惠，可以是其他的吸引消费者的利益点，也可以是一些消费者喜欢的有趣的活动。笔者建议门店把二维码和这些福利优惠绑定到一起，这样才能更好地吸引消费者。在设计"钩子"的时候，门店也可以结合类似咚咚来客这样的系统工具，充分利用其丰富的营销功能，这样能够使营销"钩子"更加有效。

对于大部分线下门店来说，转盘抽奖活动就是一个很好的营销"钩子"。只要消费者扫码加了门店的微信，消费者就会收到一个抽奖链接，点击就可以抽奖，并且能马上获得抽奖结果反馈。很多门店可能对转盘抽奖的方式不屑一顾，认为这种方式没有什么用处，其实在门店构建私域流量池的初期，门店可能对私域流量运营的逻辑和规则还不是很理解，因此门店的运营活动最好不要太复杂，更不要设计得花里胡哨、华而不实。

任何一件新事物都需要经过一段时间的发展。门店在推进私域流量运营落地的时候，负责执行的工作人员很可能难以跟上策划部门的思路，也很难配合门店策划完成一些复杂的流程。较为简单的营销活动能减少一线员工的工作量，当线下门店客流量大的时候，一线员工能把店内的服务工作执行到位就已经很不容易了。如果门店的营销活动太复杂，那么他们还要浪费时间、精力给消费者解释活动规则，或者引导消费者操作，这可能会导致门店服务混乱、客人投诉。

同时，对于连锁加盟品牌来说，活动设计得过于复杂不利于实现自动化和标准化。运营流程每多一步，执行和落地的成本就越高，执行到位就越难。所以类似转盘抽奖这种简单易操作的营销方式，其实是门店实现私域流量运营落地的不二之选。转盘抽奖的方式不会影响消费者的体验，同时只要奖品足够有吸引力，一般来说，大多数人都不会拒绝来试试手气，毕竟人们都有着"万一就中奖了呢"的心理。

第三，给从不同渠道而来的消费者（如公众号、电梯广告、优惠活动、媒体、商场等）打上多维度标签，同时判断消费者参加了门店的什么活动、转发了什么内容、购买了什么商品，然后结合消费者的购买或互动行为再给他们打上更加精细化的标签。这样门店就能够通过多组标签对消费者有一个初步的属性定义，从而决定接下来门店应该对消费者采取什么样的运营策略。

例如"公众号"标签下的消费者可能对高质量内容比较感兴趣，那么门店就可以找抖音达人、B站（哔哩哔哩弹幕网）up主生产高质量的营销推广内容，并推送给这些消费者。这样既可以满足消费者的内容阈值，又能在内容推广中产生转化。再如"易拉宝""幸运大转盘"两个标签下的消费者可能对优惠活动感兴趣，他们可能对价格比较敏感，喜欢参加优惠活动，那么门店则可以在"618""双11"这样的大促时间点向其推送活动商品链接，用优惠的方式刺激消费者线上购买。

标签有利于对消费者进行详细分类，有利于有针对性地对消费者展开营销推广活动。很多商家都知道标签的作用，却总是用不好，将标签运用好的关键在于想清楚每个标签后续关联的运营活动。给不同的消费者打上专属的标签只是营销的第一步，最关键的一步是向消费者推送不同的内容、产品。

其实从扫码开始，消费者就已经被门店识别、标记，开始成为门店的数字资产。因此门店可以用科学的方法论来运营消费者所形成的私域流量。

3.2　多渠道引流，把消费者抓手上

当设计好私域流量的入口（二维码）及营销"钩子"后，门店就要盘点自己可以触达消费者的渠道，然后在这些渠道上曝光二维码，吸引消费者扫码进入门店的私域流量池。门店一定要在所有能够与消费者接触的地方曝光引流二维码，实现多渠道引流，把吸引到的流量留存在自己的私域体系里。这里的多渠道，指的是各种可以曝光的位置，是消费者能够看到门店活动、与门店发生接触的关键节点。

门店流量渠道如图3-1所示。

图 3-1　门店流量渠道

1 线上流量

门店可以先梳理自己拥有的流量渠道,如线上的公众号、小程序等。门店在公域流量时代积累的流量,都可以导入私域流量中。很多门店很早就有意识地把消费者留存到门店私域中,例如很多门店运营自己的公众号和自己的小程序,在公众号上积累了一批粉丝。

线上的第一个渠道就是门店的公众号。公众号是早期自媒体时代的红利渠道,很多门店在自己的公众号上都有一定的粉丝积累,这样就可以通过在门店的公众号菜单栏设置获客触点及诱饵,引导点击进来的消费者主动添加门店的企业微信号,例如新客送无门槛优惠券、无门槛红包等。

虽然公众号的打开率越来越低,但门店在向公众号粉丝进行活动推广时,也可以搭配公众号的图文内容引导消费者。例如在每一次的新品推送、套餐推送图文内容中附带营销活动入口,让进入私域的消费者可以享受一定的优惠,或者享受买一送一的特权。

随着公众号在微信生态中的权重越来越低,公众号触达消费者的效果也越来越差,因此门店要尽快把公众号的流量导入自己的私域流量池中。

线上的第二个渠道就是门店的小程序。门店可以在宣传海报或者广告图上做引导,让进入门店消费的消费者在小程序上埋单或者操作的时候扫码加入门店的社群,以参与更多优惠活动。

线上的第三个渠道是私域存量。个人微信无法大规模、更高效和数字化地运营私域流量,因此门店可以通过一些转化活动把个人微信中的好友、社群转移到企业微信中。这样私域流量运营的基本盘就建好了，如图 3-2 所示。

 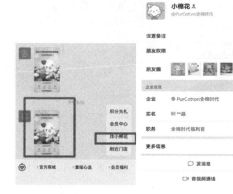 

顾客扫码　　　　　弹出二维码引导添加　　单击添加自动通过　　回复链接引导下单

图 3-2　全棉时代的线上流量导入私域流程

2 线下流量

线下门店只要能够正常营业，大部分都有一定客流，只是缺少留存客流的意识。门店的位置实际是一个非常好的流量渠道，门店的租金其实就是门店在付费购买流量。来到门店的自然客流量，对于门店来说价值是非常高的，这种流量是门店的宝贵资产。

此外，门店可以在消费者的动线上有意识地放上私域流量的入口，引导消费者进入社群。门店获客和线上获客是不同的，线下门店有一个特点是具有空间感，消费者到一个场景里面就可以体验到这个场景带来的空间体验，这是线上门店不具备的优势。到店消费的消费者能够真实地体验菜品、享受服务，更容易与门店建立信任，因此会更加容易扫码进入门店的社群。

门店可以在餐桌、收银台、店门口放置宣传海报，引导消费者扫码添加企业微信，如图 3-3 所示。在物料的宣传海报中，门店要明确告知消费者添加企业微信可以获得什么服务、享受什么优惠活动。门店的服务员也可以适当地引导消费者，例如服务员在消费者点餐的时候可以说一句："先生 / 女士，微信扫码加入门店的福利社群，可以领取会员优惠券。"

图 3-3　线下流量导入私域流程

3 公域流量

除了门店自己的入口外，用好第三方流量渠道也非常重要。门店花的每一笔广告费，都是为了让源源不断的流量进入自己的流量池。业内常说公域流量要抢，在公域流量平台引流获客要舍得花钱，不要太计较投入产出比。

例如，在抖音做信息流投放，加好友就能抢购爆款；在朋友圈投广告，加好友就能领 5 折优惠券；找自媒体推送公众号文章的时候，在文章里加一个二维码，读者加门店的微信就可以抽取霸王餐福利等。这样的公域流量渠道还有很多，诸如公交车广告、电梯广告、停车场广告等，如图 3-4 所示。在能够跟消费者接触的地方都放带参数的二维码，把这些消费者都吸引进门店的私域流量池中，然后再通过线上运营提升产品复购率，这是一个正向循环。

图 3-4　公域流量导入私域实图

此外，还有平台流量。例如淘宝、京东等平台流量巨大，但是门店无法直接在平台上引导消费者加微信，那么门店如何将消费者导入自己的私域呢？答案是通过订单。商品最后总是会到消费者手中，有很多商家在给消费者发货的时候，会附赠一张感谢卡，或者附赠一张好评返现卡，让消费者通过加好友来领取红包，或者通过发买家秀领取优惠券。总之，门店要有把各种流量留存到自己的私域体系中的意识，学会运用多渠道引流，如图3-5所示。

图 3-5　门店多渠道引流

3.3　线下门店的 3 个引流窍门

相比只能依靠线上投放获客的电商来说，线下门店拥有稳定的流量来源。由于线下门店相对高频地销售商品或者提供服务，因此线下门店可以很轻易地通过一些营销活动实现线上流量的裂变。线下门店可以提前掌握一些小窍门，以更好地将流量导入自己的私域流量池中。

1 用优惠活动将自有流量导入

用优惠活动将自有流量导入，就是设计一个有吸引力的优惠活动，然后通过自己已有的渠道让消费者扫码加好友获得优惠的资格。例如给所有会员群发短信，让会员点击链接自动跳转到微信加好友；在公众号推文里加一个扫码领取优惠的活动，让公众号的粉丝加门店微信；在线下门店的桌面、收银台、店门口展架展示活动宣传海报，并附上二维码，让消费者扫码加好友。

在众多已有渠道中，从我们实验的数据综合来看，短信群发加粉率在 5%～10%。如果一位商家有 10 万个会员的手机号码，群发短信后，加门店微信的有 5 000～10 000 人。公众号有 3%～6% 的加粉率，10 万公众号粉丝能够通过活动转化进私域的有 3 000～6 000 人。这个转化率仅供参考，品牌不同、活动不同，转化率也各不相同。

线下加消费者的效率会相对低一点，但比较稳定。从吉野家将线下流量导入私域的数据来看，单店单月线下消费者进群率在 30% 左右，加企业微信的消费者在 40% 左右。实际上，这个数据还是挺不错的，现实中很多门店的加消费者好友率和消费者进群率都没有这么高。但不论消费者转化进私域的效率高低，门店都要日积月累地坚持做，从而逐渐构建自己的流量矩阵。

2 用存量流量裂变新流量

有了自己线上的种子流量后，门店就要开始用好互联网的传播和裂变优势，在线上营销门店的存量流量，以吸引新的流量。这也是私域流量的一个好处。私域流量使得消费者参与运营推广的门槛极低，存量消费者能帮助门店在线上做传播，帮助门店获得新顾客，从而可以帮助门店降低获客成本。

例如在线下开一个生鲜水果店，想要吸引新的消费者，需要举办一个声势浩大的开业活动，尽可能地扩大传播力、影响力，这样才有可能吸引来一波客流量。但是在自己的私域流量中，门店可能只需要发一个砍价、团购的活动链接，就可以吸引众多的新消费者。咚咚来客中有数十个这样的裂变功能，以方便门店在做存量流量裂变的时候快速启动。同时，咚咚来客还在这些功能上做了一些门店属性的设计，可以帮助门店吸引精准消费者，如图 3-6 所示。

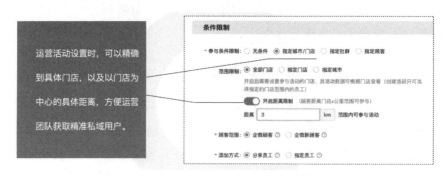

图 3-6　营销活动以门店为单位吸引精准消费者

3 流量交换

所谓流量交换，就是去跟其他有流量的品牌或者平台做流量互换。例如品牌与品牌之间的异业合作，在各自的社群中做宣传推广，互相交换消费者。再如一个茶饮品牌在商场中的新店开业时，在商场电梯口跟商场合作开展活动，用"商场会员扫码加好友，免费获得1杯饮品"的方法快速构建自己的种子流量池。这样的活动，商场也很愿意在自己的公众号或者社群里传播，毕竟是给自己会员的福利，能增加商场的会员数量。这种活动的参与方式很简单，消费者只要扫码加店长微信就可以自动收到一个优惠码，直接去门店兑换就可以了。

想要开展这种活动，一般门店在开业前就要与商场沟通好，将自己的开业活动作为商场活动的一部分进行统一宣传，宣传节点最好是在开业前1～2周。这样能够给活动留下足够的传播时间，使活动能够最大范围地触达消费者，使门店在开业前就有了第一波私域流量。

以上3个小窍门，对线下门店吸引消费者进入自己的私域很有效，也在实战中得到验证。针对线下门店的特点，下面给大家分享几个引流小场景。

1 线下消费者拉进群，传统的有奖活动很有效

有奖活动的玩法对于在线下拉消费者进群很有效，例如沪上阿姨、乐凯撒、吉野家等品牌都在用。因为线下门店特别忙的时候，要尽可能减少店员给消费者解释活动规则的时间，而类似大转盘抽奖这样的传统有奖活动大家已经很熟悉了。门店用企业微信来加好友或者将消费者拉进群，消费者自动收到抽奖链接，打开页面就知道怎么抽奖，门店完全没有解释成本。

但要想活动效果好，在开展有奖活动的时候，门店要采取"136"法则。"1"就是一个大奖，比如免单、送现金券，这个大奖要能够有让消费者掏出手机扫码的冲动。"3"是30%的现场兑奖率，要让一部分消费者当下中奖当下使用，增加活动可信度，要给现场的消费者一个及时反馈，让大家有参与活动的信心。"6"指的是也要让剩下60%的人中奖，但是中的是下次来店里消费才能兑换的奖，比如现金优惠券等。一个简单的大转盘抽奖活动能够把到店消费者轻松留存到线上来，提升留存率35%以上。

2 发传单时加句话，获客率提升三成

新店开业的时候，很多商家都喜欢采用发传单的方式来为门店宣传造势。但无论是常见的"游泳健身了解一下"，还是"新店开业打五折"，似乎都很难打动消费者，而且也很少有消费者认认真真地看传单上的内容。因为路过的消费者

没有和门店快速建立信任关系,更没有感觉到这个事情与他有关。下面笔者分享一个传单获客小窍门,这个小窍门能使传单到达率提升40%、获客率提升30%。下面以宠物门店为例对该小窍门的操作流程进行详述。

第一步,针对不同的宠物类型设计传单内容,确保传单上包含一个重要元素:一段极其简单但又非常契合这个宠物的文案。例如"夏天到了,如果不给狗狗洗澡,可能会导致汗腺发炎,并引发一系列疾病"。然后下面附上企业微信二维码和一句话:加××专家,免费帮你的宠物做检查。

第二步,去门店附近的公园、小区等宠物可能出没的地方发传单。

第三步,用语言迅速拉近与消费者的距离。例如在发传单的时候说:"换季了,我们邀请了宠物医生坐诊,哈士奇可享免费义诊,活动时间只有3天。"门店可根据宠物的类型,更换不同的表达内容,这样能够让消费者觉得活动更有针对性,快速和门店建立信任。

此外,消费者扫码添加了宠物医生的企业微信之后,门店一定要向消费者推送相关内容,告知消费者,门店可以为他的宠物提供什么服务,例如免费义诊、免费洗澡等。门店要把每一张传单变成流量入口,持续运营线上消费者,让他们持续产生线下订单。

这个方法除了可以用在发传单时,还可以用在餐厅服务人员上菜时,例如在上菜时,餐厅服务人员可以顺便说"加店长微信,马上送您一个小菜",这能够极大地提升加好友率。虽然餐厅和宠物店的应用场景不同,但蕴含的内在逻辑是一致的,即不能只让消费者加好友,后续没有任何跟进措施。门店一定要善于使用企业微信的自动回复功能,及时给加了好友的消费者自动推送优惠活动,例如餐厅可以给加了好友的消费者发放可用于下次消费的券,从而促进消费者的复购,打造流量承接转化的闭环。

3 线下围挡要用好,先有人气再开店

新店装修的时候,外面的围挡就是门店的黄金广告位,因此门店千万不要浪费装修时的曝光期。例如连锁品牌卡朋西餐就发现了装修时围挡的巨大作用,实现了门店还没开业就有顾客、开业就排队的火爆效果。

在用围挡做宣传推广时,门店首先要重新设计围挡布,要在消费者经过和能看到的黄金位置展示门店的二维码,并附上一句宣传文案,如加微信,开业3天可享5折优惠。这样能够很大程度地吸引路过或者看到宣传文案的消费者扫码加

微信。需要注意的是，宣传文案的字一定要大一些，以确保消费者离得很远就能看到。

消费者加微信好友后，门店就要利用企业微信的自动回复功能，给消费者推送优惠券，让消费者提前领券，激发消费者需求。同时，门店还可以创建一些社群，邀请感兴趣的消费者进群，每天在群里发开业倒计时，并发放不定量的现金抵用券，提前为门店开业宣传造势。

门店也可以开展一些传播裂变活动，提升开业宣传热度和效果。例如让群里的消费者将开业海报转发至朋友圈，集一定数量的赞即可获得现金抵用券；根据群里消费者的活跃度招募免费体验官，在开业前，定向邀请这些乐意分享的消费者免费到店里体验产品，通过他们的分享为门店带来二次曝光。

线下门店一定不要浪费任何能触达消费者的地方，如门店桌面的台卡、门口的展架、传单等。运用好引流小窍门，构建引流场景，能够使门店在开业前就获得一定热度，获得一批种子消费者。

3.4 给消费者打上数字化标签

门店要想实现数字化运营，确实不容易。门店的数字化运营要实现3个上线：员工及组织上线，产品上线，消费者关系上线。员工及组织上线，即把内部管理转移到线上，如用企业微信来进行内部人员的管理、流程的审批等。产品上线是要让产品在线上可以被搜索到、买到。消费者关系上线就是私域流量运营。

这里的消费者关系指的是双向互动、互相影响的关系，而不是留下消费者手机号码这种单向的消费者关系。建立双向互动的消费者关系，首先，门店要跟消费者建立连接，即先把消费者的微信加上。其次，门店要通过运营手段，自动或手动地给消费者打上标签。这个标签既可以是消费者的消费标签，也可以是消费者的互动标签，例如消费者有没有参加过门店的线下活动、对门店的新品是否感兴趣、是否是门店的KOC（关键意见消费者）等。事实上，能够自动给消费者打上数字化标签，才是门店数字化运营的第一步。

例如消费者扫描A门店的二维码进入门店的私域后，系统就会自动给消费者打上"来自A门店"的标签，并给消费者发放一张A门店的优惠券。消费者领取了优惠券之后，系统还会给消费者打上"领取了A门店优惠券"的标签。只要A门店推出某款新品或者有优惠活动，系统就只需要给有着"来自A门店"的标签的消费者推送微信消息。这样对消费者的骚扰能够降到最低，并且能够减少营销的无效性。此外，系统也可根据门店私域社群的消费者所浏览的内容、参与了哪些活动，给消费者打上相应的标签。下面用3个真实的场景解释如何给私域流量池中的消费者打标签。

（1）一家连锁火锅店给经常互动的消费者打上"互动达人"的标签，然后定向给他们推送"神秘消费者"的活动，让消费者参与品牌的建设，监督品牌成长。以前门店需要花钱请专业的团队来开展"神秘消费者"活动，现在有了自己的私域消费者之后，门店可以直接在自己的社群中招募或者定向邀请优质消费者，让他们去指定的门店消费，客观、公正地从消费者的视角出发点评门店的出品、环境、服务等。这样既反向推动门店更好地发展，又促进消费者与门店信任关系的构建。

用咚咚来客提供的券码和表单工具，就能开展"神秘消费者"活动。但是怎么选合适的人来参加这个活动呢？在日常运营的过程中，消费者会产生很多行为，如转发、浏览、购买、互动等。门店可以将这些行为量化，然后判断消费者在社群里的价值，并根据一些特性自动给消费者打上数字化标签。当门店要邀请一些消费者来参与新品品鉴、特权活动的时候，就可以参考消费者的数字化标签来作出选择。

（2）宠物门店对不同的消费者进行标签识别。在消费者进店时，门店可以给他们发放一张有着一个特殊的二维码的宠物身份登记识别卡，养不同宠物的消费者扫同一个码，就可以选择添加对应的专属店长，而且系统会给他们自动打上对应的标签。例如会给养布偶猫的消费者打上"布偶猫"的标签，给养牧羊犬的消费者打上"牧羊犬"的标签，从而可以实现对宠物以及消费者的精准分类。在后续开展服务以及营销活动的时候，店长就可以根据标签分组，给消费者推送相应的宠物喂养注意事项、宠物义诊活动等。这样既可以提升宠物门店的服务质量，又可以让消费者有专属感。

（3）剧本杀门店给群里点击了组队活动链接的消费者自动打上"有约局需求"的标签，后期有组队活动时，门店会定向邀请这群消费者报名。该标签的出发点是对消费者有价值，因为玩剧本杀的基本上是年轻人，他们有组局的需求，但是经常无法精准匹配。于是这家店就通过运营活动提前筛选可能有组局需求的消费者，当有人向老板发出组局的请求时，这家店就会有针对性地给这个标签下的消费者发出邀请。例如一个剧本要6个人，但是只有2个人组队，那么门店就可以通过私域社群帮组队的消费者寻找4个人组队。

数字化标签可以帮助门店更好地将消费者分类，从而便于门店针对不同类型的消费者展开更有针对性的运营活动。门店可以从不同的维度给消费者打上数字化标签，常见的维度如下。

（1）喜好：消费者经常消费门店的哪一类产品，喜欢吃辣的还是不辣的，喜欢甜的还是不甜的。

（2）金额：消费者每个月、每年在门店消费多少钱，为什么消费这么多，哪些消费者没有在门店消费。

（3）商品：消费者经常购买哪些商品，没有购买过哪些商品。

（4）等级：明确不同消费者的等级，不断提升消费者等级。

（5）频次：消费者到店消费的频次是多少，分别间隔多久。

（6）裂变：有多少消费者参与了分享，为门店带来了多少新顾客，新顾客的消费情况如何。

（7）资料：消费者的基础信息，如性别、年龄、区域、职业等信息也是将消费者分类的依据之一。

得益于互联网的发展，门店与消费者之间的关系越来越近，消费者的黏度、忠诚度也越来越高。消费者和门店之间的关系从原来一次性消费的弱关系，转变为有机会多次触达的强关系。门店要通过搭建科学的标签体系经营私域消费者，给消费者提供有针对性的服务。数字化成为当今时代的一个热门词汇，但数字化并不是一蹴而就的，数字化体现在运营的很多环节和流程中。门店要从给消费者打上一个标签开始，促进门店的数字化进程。

数字化在餐饮行业应用得淋漓尽致，给消费者和门店带来了极大便利。现在很多餐饮店都可以给消费者提供扫码点餐的便捷体验，消费者扫码点好餐之后，相应的数据信息就通过系统自动传到后厨的系统，并打出订单来。

数字化是一个趋势，无关门店的规模。只是门店需要根据自己的实际发展情况与需求选择如何进行数字化转型。给消费者打上数字化标签能使门店更有针对性地为消费者提供更加精准的服务，提升消费者对门店的忠诚度。如此一来，消费者就能更加心甘情愿地沉淀在门店的私域流量池中，并实现多次复购。

3.5　画一张消费者运营地图

随着时代的发展和经济水平的提高，人们对于物质的要求也越来越高，由此催生了很多好品牌。在这个"酒香也怕巷子深"的时代，拉新的成本越来越高，因此很多门店都开始关注存量消费者和复购率。但是在私域中如何实现复购？建个社群，在社群中发广告，消费者就会复购吗？这样的方法或许能产生短期的效果，但不能持续起作用。要让消费者实现持续复购，门店就要清楚私域复购7要素。

私域复购7要素是对门店与消费者的关系进行解构所得出的私域流量运营方法论。私域复购7要素的具体内容如下。

（1）构建流量池。门店要把所有消费者留存在自己的流量池中，并且要做好标签分类。

（2）社群品牌力。品牌是最大的流量池，在私域社群中门店也要有意识地打造品牌力。

（3）超强触达手段。品牌的影响力一定要传递给消费者才能真正起作用。

（4）互动增强信任。消费者对品牌越信任，越愿意花钱。建立信任关系是门店和消费者互动的目的。

（5）交易转化。最终没有产生交易的消费者都不是忠实消费者，用交易来识别消费者的忠诚度。

（6）口碑转介绍。门店要激励老顾客带来新顾客，实现口碑传播线上化。

（7）内部组织力。这是落地执行的关键，也是私域复购率高的关键。

受时代发展、消费习惯变化的影响，消费者的决策方式发生了变化。门店一定要做好私域流量运营，在私域复购7要素方面持续发力，这样老顾客才会越来越多，复购率才会越来越高，门店的生意才能越做越好。

此外，门店还要围绕私域复购7要素画一张消费者运营地图，将消费者成长历程（见图3-7）和门店的运营动作融合起来，让消费者在门店设计的路径中和门店互动，让门店的运营活动激发消费者产生更多复购，从而实现正循环和生意的增长。要画好一张消费者运营地图，门店要做到以下几点。

图 3-7 消费者成长历程

首先，门店要明确自己所拥有的消费者触点。笔者把消费者的触点分为线上、线下、店内、店外 4 个方面。门店要在每个与消费者发生接触的地方放上带参数的二维码。线下店内的触点有桌面卡牌、收银台提示卡等；线下店外的触点有电梯广告、传单等；线上店内的触点有门店的公众号、社群等；线上店外的触点有第三方平台中的宣传广告等。门店要始终有推广门店二维码的意识，在每一个触点都附上门店的二维码，使门店获得尽可能多的曝光。

门店一定要注意两个问题：其一是做好渠道来源标记。门店最好给每个二维码设置一个渠道来源，这样就能够知道从哪个渠道来的消费者最多，也可以更精准地加大投入。例如门店在小区的电梯里做推广，标记好流量的渠道来源，使门店能够知道哪个小区的电梯所带来的消费者比较多，从而加大投放力度，使"钱花在刀刃上"。其二是一定要珍惜第一次自动推送的机会。第一次自动推送的内容最好包含运营策略，从而让消费者知道门店后续的运营活动与安排。同时，门店要通过第一次给消费者推送的内容来给消费者打上标签，对消费者做第一次分类，这样也便于门店针对消费者开展更有针对性的活动。

其次，门店要制定好推送策略。当下的推送消息有 3 种类型。一种类型是内容，如品牌故事。一种类型是通知，例如每周门店会开展什么营销活动或优惠活动，能给消费者带来什么价值。另一种类型是促使消费者复购的福利，例如满减券、爆款商品优惠券等。门店可以在推送消息中附带一个链接或者小程序卡片，引导消费者点击。通过消费者的点击反馈，门店可以判断消费者的喜好，甚至可以根据消费者的行为给消费者打上不同的标签。

最后，设计可以促进交易的爆款活动。这种爆款活动最好是定期的，比如将每周二定为特权日，这样能够让老顾客养成习惯。同时，还可以考虑设计分佣机制，让老顾客将活动分享到朋友圈，他卖出去一单就给他一笔佣金，用利益促使老顾客做口碑传播。这样不仅能够加深老顾客和门店之间的连接，还能培养一批为门店代言的忠实消费者。

门店还要根据消费者的特点设计消费者生命旅程，把有着相同特点的消费者分为一类，如图3-8所示。

图3-8　根据消费者的不同特点设计消费者生命旅程

在运营私域流量时，门店还可以把未来1个月的运营内容提前规划出来，用咚咚来客的SOP（标准作业程序）功能，做成运营日程清单并设置成任务，在固定的时间去标准化地执行对应运营活动，如图3-9所示。

消费者运营地图尤其适合门店多、社群多、私域流量运营已经成为较为重要的日常工作的品牌使用。消费者运营地图是门店规模化经营私域社群的好帮手，能够指导门店每天针对不同的社群开展不同的运营活动，极大地提升门店运营私域的效率。

图 3-9　某客户 SOP 日历

小　　结

为什么市面上很多私域流量运营类书籍基本上都是教门店怎么加消费者为好友呢？这是由私域流量所处的阶段决定的。本书将构建流量池作为私域流量运营的第一步，因为基于企业微信运营私域流量是近几年才出现的事情，这也就意味着大多数的品牌还处于私域流量池构建的初期阶段，还没有自己的粉丝。而私域里面连流量都没有，就谈不上运营，更谈不上复购了。

当下大部分门店还处于构建私域流量池的阶段，还在往自己的私域流量池里拉新。市面上的课程、案例、方法也都是围绕这个阶段的核心目标展开。早期很多公众号的文章也大多是教门店如何吸粉，这从侧面说明，现在处于早期、红利期，私域流量运营的成本最低，因此门店一定要抓紧时间采取行动。

本章主要为读者讲解如何开启私域流量里最重要的第一步——构建流量池。有了自己的流量池后，门店就可以给自己的私域流量池引流拉新。首先，门店要根据自己的特性，从线上、线下、公域 3 个维度梳理流量路径。其次，门店要给每一个加好友或者进群的消费者打上数字化标签，让其被标记和分层。最后，画一张消费者进入私域流量池后的运营地图，并将一些基础要素固定下来变成 SOP，成为团队的共识。

　　同时，在往私域流量中导入新顾客的时候，本章还给读者分享了一些实操性极强的小方法。

　　（1）把自己所有的流量入口利用起来，无论是门店的扫码点餐海报，还是展架、围挡，都应该变成自己的私域流量的导入口。

　　（2）利用人性的共情、共鸣、共利，让存量消费者裂变新消费者，降低门店的获客成本。

　　（3）与其他有流量的品牌互换流量，在各自的社群中互相传播导流。

　　在实操落地的时候用好这些小窍门，能够让我们的效率更高，抢先一步掌握流量主权。

第 4 章
社群营销：像谈恋爱一样吸引消费者

私域开店第二步：数字化经营。很多做社群营销的门店都无法充分发挥社群的价值，因为它们只想着卖货，完全不在乎消费者的体验。它们近乎疯狂地推送各种广告，把消费者吓跑，最后却认为私域流量是没用的。这是对私域极大的误解，保持一定的克制是我们做运营时很重要的一点。

运营好私域的关键是经营自己的消费者，围绕目标消费者展开对应的经营策略，然后顺便卖货，而不是把私域作为一个纯粹的卖货渠道。很多人听到"私域流量"四个字的时候，会不由自主地把重心落在"流量"两个字上，但实际上我们最应该关注的是"私域"。私域表示消费者是我们自己的，我们在自己的领地中能影响消费者决策，使其产生复购行为。

让消费者反复消费，离不开运营，离不开策略，离不开计划。门店既要与消费者建立亲密关系，还要提升消费者在私域里的活跃度。所以当门店构建了自己流量通道，手握成千上万的精准消费者后，千万不要只把私域当作通道，不讲策略地群发广告，骚扰消费者，而是要在提升私域活跃度与消费者复购率的同时，让消费者觉得舒心，心甘情愿地成为门店的忠实消费者。

4.1 复购式经营，跟消费者"谈恋爱"

门店在经营消费者的时候，既要让消费者对自己有熟悉的感觉，不至于全然陌生，又不能让消费者觉得被骚扰，感觉烦躁。门店要与消费者维持恰到好处的距离，让消费者能够在有需要的时候自然而然地想到门店，由此产生主动的复购行为。为了维持恰到好处的距离，门店可以采取以下几个措施博得消费者的好感。

1 确定的幸福，不确定的惊喜

门店可以让消费者提前知晓门店的计划。这样，一来可以筛选目标消费者，二来可以让消费者产生心理预期。例如，某茶饮连锁品牌门店在设计加好友或者进群的链路时，设计了一个这样的文案："Hi，终于成为好朋友了，接下来每周三晚上9点，都专门给你准备了一场活动，每周五上午都有为你准备的新品品鉴活动，每月12号是属于你的隐藏节日，我们的活动暗号是：因你心动，等你而来。活动开始前我会单独发信息给你哦，比心。"当消费者加店长微信的时候，会自动收到这样一个有针对性的推送。门店通过提前把接下来的活动计划告知消费者，让消费者对门店接下来要开展的活动抱有一定的期待。

此外，文案的语气也要更加生活化，贴近消费者的日常生活。上述案例中该茶饮连锁品牌门店文案的语气十分真实，并提前将后面的安排告知消费者，给消费者一定心理预期。但每次活动的内容是可以灵活设计的，比如打折活动、新品发售、线下活动等，以让每一次的活动都可以给消费者不同的体验，如图4-1所示。门店要让消费者主动参与活动，而不是让消费者成为每天接收广告的"垃圾桶"。

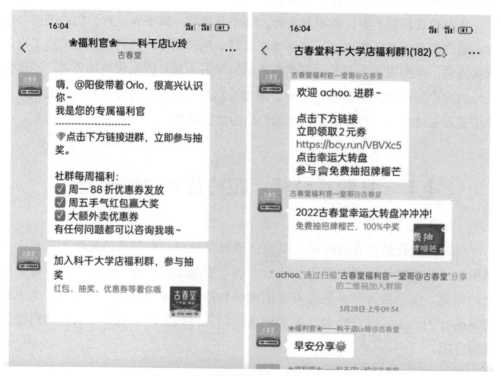

图4-1　门店在私域开展的互动活动

2 互动在先，营销在后

构建了自己的社群通道之后（一个可以跟踪数据、洞察消费者的数字化通道），门店就可以在这个通道里通过内容开展营销活动了。但是相比单方面推送广告，互动更能提升消费者的参与度。就像谈恋爱一样，得先"谈"，才会有后面的"恋爱"机会。门店可以用咚咚来客的各种工具进行互动营销，例如乐凯撒比萨在公众号和社群中发布了一个"在店里寻找某个隐藏元素"的活动，引导消费者拍照上传，然后让消费者将参与活动的链接分享到朋友圈和社群，吸引朋友投票。

在开展这个活动时，乐凯撒比萨在做线上推广的同时还结合了线下的物料陈列，线上线下双通道吸引消费者参与活动，最终有 1 000 多份参与作品。消费者会把活动链接分享给自己的朋友，让朋友帮忙投票。商家最终通过投票的排名，给相应消费者一些奖品和活动福利。这种轻量级的活动难度不大，但又可以调动起部分消费者的互动积极性。这样一方面增加了线下门店跟消费者互动的机会，另一方面又没有那么大的功利性质，而且趣味性很强，如图 4-2 所示。

图 4-2　乐凯撒活动桌面贴纸图

珠海的一个连锁甜品品牌古春堂在社群里发起了一项挑战赛。2022 年春季，古春堂策划了"承包你一年的凉茶"的大型活动，如图 4-3 所示。古春堂利用咚咚来客的系统功能把挑战活动和抽奖结合在一起,将活动投放在本地公众号、抖音平台和视频号,将公域流量平台和门店私域联动起来,引导消费者留存在门店私域流量池中。古春堂的凉茶挑战赛活动仅开展了 14 天,参与的消费者就超 1 万人次。古春堂通过设计低成本的趣味性活动,一方面拉近了和消费者的距离;另一方面引导参与活动的消费者帮助门店做传播推广,带动门店的线下客流量。

图 4-3 古春堂私域挑战赛海报

3 激发消费者的感性思考

在社群中做运营时,门店可以充分利用氛围感让消费者进入自己设计的"场"。无论是群里热闹的接龙活动,还是打开小程序看到不断跳动的"已经购买"的文字,都是在不断地刺激消费者马上参与活动。在社群中和消费者互动的时候,门店要记得及时对消费者参与活动的情况作出反馈,例如古春堂在做线下抽奖活动的时候,不断将到店中奖的消费者照片分享到自己的社群、朋友圈中,营造活动十分火热的氛围,吸引更多消费者参与,如图 4-4 所示。

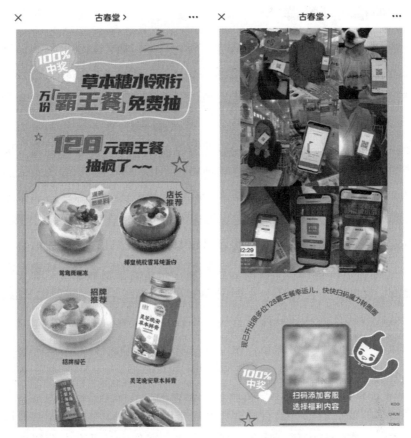

图 4-4 抽奖活动页面及中奖的消费者照片分享

4.2 运营不是陪聊天,讲方法、有策略

很多商家有一个误区,认为私域流量运营就是加消费者好友、把消费者拉进社群,然后在群里发广告、陪消费者聊天。有的商家刻意不想做私域流量运营,觉得多此一举。因为前车之鉴中有很多不好的案例,如社群的活跃度低,甚至成为"死群";被恶意投诉、带节奏,一个人影响一群人,最后这些坏的声音反噬品牌。那么究竟该怎么做社群运营才既省心又省力,还能出结果呢?我们可以把社群分为不同的类型,讲方法、有策略地运营不同的社群。

1 利他福利型社群

利他福利型社群适用于高频、低价、高复购型门店,如茶饮门店。这种类型的门店在做社群运营的时候,要设计"价值给予"的策略。在消费者进群的第一刻,门店就要把他进群后能获得的价值告诉他,让他明白进入社群能够享受到什么特权和福利。

最常见的是福利群、折扣群,门店要利用好企业微信的自动回复功能,这样基本不需要运营人员操作,就能够自动地将优惠活动推送给消费者。门店还可以结合小程序功能,让每个消费者获得不一样的优惠,做得极致的门店根本不会在这样的社群中和消费者聊天,只有出现投诉或者纠纷时,才会有人工回复。

消费者进入社群最大的动力就是可以领取福利,因此门店要让消费者顺利地领走福利,否则会影响自己的信誉。大多数情况下,消费者不会频繁地在社群中发言和交流,但是也不会退群,只会默默地等门店推送福利,默默地领取优惠券、折扣券。这样的交互形式使得社群对门店来说更像门店的福利领取中心,让消费者高效、及时地获得福利。

2 内容运营型社群

内容运营型社群适用于消费者有明显特性的门店,如母婴、宠物等门店。消费者对这类门店有一定的信任成本,例如母婴、宠物用品具有专业属性,消费者需要带着一定的专业能力来做选择。一旦门店不专业,很大可能会被消费者抛弃。对于这类社群,运营团队应注重内容创作,给自己的门店构建一套社群百科全书、一个干货分享体系。

例如宠物医院可以利用咚咚来客的"智能文章+群机器人"功能,打造一个社群中的"宠物百问百答 QA 库"。有人在群里发关键字如"哈士奇绝育",就会自动收到一篇带着"哈士奇""咨询绝育"的标签的文章。文章中详细地给消费者讲解注意事项,以及购买服务的入口,消费者看完内容就可以直接购买商品。门店要学会通过高质量的内容打造专家形象,并结合系统功能来降低人工运营成本。门店还可以每周或者每个月在社群中开展一次专家直播,让专家线上会诊,顺带销售商品。

3 活动快闪型社群

活动快闪型社群适用于门店在短期内开展的大促活动，这类社群一般在活动结束后就解散了。例如某烤肉品牌想要利用新店开业开展一个"吃肉节"的活动，于是该品牌在社群内发放"99元5折吃5天的特权活动卡"，仅限群内好友才能领取，限量2 000张。由于活动足够有卖点，因此快速裂变出了100个同城社群。这些社群的不断裂变传播和购买链接的大肆推送，成功营造了该活动全城疯抢的氛围。之后该品牌引导社群成员加店长微信获取使用攻略，这样既售卖了特权卡，为活动预热，又获得一批精准的消费者。而活动一旦结束，社群立刻解散，回归运营常态。

4 专属定制型社群

专属定制型社群适用于KOC、高客单价消费者群体。这类消费者具有很高的运营价值，能够为门店的发展带来重要的杠杆作用，比如新媒体编辑、有10万粉丝的抖音博主等。针对这类社群，门店需要设计专属活动，比如新品品鉴会、新店开业提前封测（封闭式测试）等，通过特权活动增强这类消费者的黏性。

有的门店还会专门给这类人群设计专属的活动邀请函、逢年过节寄送定制的礼品等。运营专属定制型社群的重点是营造专属感，以获得更多情感价值，使门店得到更多的免费曝光机会和流量。

如何判断一个社群是否活跃？社群中的消费者是不是"僵尸粉"？要回答这些问题，不只是看消费者在群里有没有发言，而是用系统去探测消费者的真实动作，例如有没有点击新品介绍？有没有领取优惠券？有没有邀请朋友帮他"砍一刀"？这些都是判断消费者是否在社群活跃的重要依据。一个没人说话的群不一定是"死群"，门店可以用咚咚来客探测一下，以了解私域社群里的消费者对自己推送的内容是否感兴趣、活跃率有多少。如果社群中一半以上的人在默默地参与活动，那么社群就是活跃的；如果有20%的人购买了商品，那么这个群就值得门店投入更多的精力和资源去运营。

总之，门店不要仅根据有没有人聊天来判断社群的活跃度，而应该看消费者是否在与门店互动（点击、收藏、转发、购买等行为都是互动）。以下是几个门店的案例分享。

1 小酒馆的新型砍价玩法

砍价拼团在电商平台上已经十分流行。有一家名为 CPU 的小酒馆将电商平台的砍价玩法结合小酒馆的特点进行了改造,消费者在社群中乐此不疲地传播和分享,一场砍价活动有近千人参与。

首先,设计砍价的诱饵。这个诱饵必须让消费者感到非常便宜,但不能只是便宜,还要有传播属性以及二次购买的可能性。该小酒馆用半打啤酒作为诱饵,这样不仅成本可控,而且能够刺激消费者到店购买更多产品。

其次,设计活动规则。该小酒馆设计的活动规则是:消费者需要在群里找到 3~5 个朋友砍价,砍价到 0 元就能免费获得半打啤酒。规则设计好之后,就把这个活动定向投放在社群中,同时设计一些很有吸引力的海报,每个海报都放上这个活动的二维码,使活动得到快速传播。半打啤酒不多,但是也足够激起人们的参与欲望。同时,啤酒还有社交属性,很快大家就自发在群里组局了。

最后,设计增购的策略。只要消费者获得这半打啤酒,大概率会邀请朋友一起参加小酒馆的活动,而消费者也不会只喝酒,于是就产生了增购的机会。消费者用半打啤酒找了个聚会的理由,商家让半打啤酒成为消费者开展社交的契机。门店要用消费者喜欢的方式给他们的生活增添意义,这样门店就会更有生命力。

2 社群会员日

荔银作为传统肠粉品牌,于 2021 年开始运营社群,并通过社群会员日每月多赚几万元。首先,荔银将门店的企业微信社群二维码展示在每个店的门口,让服务员引导消费者进群。其次,自动给进群的消费者推送一张优惠券,同时告诉消费者每周三都是荔银肠粉的社群会员日。每周三,消费者就会收到各个店长推送的优惠活动,例如原价 28 元的肠粉单品在会员日的价格为 12 元。最后,多一次触达就多一次交易机会。荔银就是通过把到店的消费者引流到企业微信里,然后设计适合在线购买的产品,通过有策略的推送触达来刺激消费者产生交易。

3 优惠券到店核销

肥汁米兰米线在社群里发出去的优惠券,核销率可以达到 87%,远高于其他同行。这是因为肥汁米兰米线采取了以下运营社群私域流量的措施。

首先,获客入口精准,做引流活动时以门店为中心,覆盖周边 3 000 米,超出3 000米范围的消费者不能参加门店的活动。这样每个门店都能获得周围3 000米内相对精准的消费者。

其次，进行周期性的运营互动，固定地在每周二和周四抽取折扣券，营造稀缺感的同时提升社群活跃率。

最后，每周利用社群标签筛选出领了优惠券但未到店核销的消费者，并用走心的文案持续吸引消费者进店消费，这样每家店每月能额外增加几千元的营收。

私域流量运营是门店必须重视和着手准备的关键工作。而选择加群还是加好友的方式构建私域流量池，其实取决于门店服务消费者的形式。为消费者提供低频次服务但客单价高的门店，例如医美整形、高端私房菜馆，可以采取1对1加好友的方式，这类门店更注重专属性和私密性。为消费者提供高频服务但客单价低的门店，如连锁茶饮门店、零售门店，可以采取建群的方式，这类门店更注重营销和转化。

加群和加好友在运营上有一些区别。运营群的重点是营造氛围、发放福利、促进互动。加好友的重点是和消费者建立深度信任，打造专属感、特权感。群可以是动态的，可以根据运营需求解散或重构，但好友关系是稳定的。所以在运营社群的时候，门店可以运用一些营销"钩子"，把群友加成好友，这样的触达很精准而且效率高，有利于沉淀门店的铁杆粉丝。

4.3 相信重复的力量，从特权日开始

围棋高手之间的对弈往往是"通盘无妙手"的人最后取得胜利。运营私域也是一样，门店不要一味地追求运营方法的花里胡哨，简单的事情重复做，重复的事情认真做，就能够超越很多门店了。抢占消费者心智需要反复重复和反复锤炼，例如在社群开展特权日活动，只要坚持做，一定会带来奇效。

门店可以在固定的时间开展固定的运营活动，辅以特权日的营销点，让消费者跟着节奏参与活动。除了每周开展的高频次小活动外，门店还可以创立一个有IP属性的节日，如现在很多门店都有"店庆日"，这也是一种特权日，但是不具有品牌属性。

在私域流量运营中，给消费者带来情绪价值、体现品牌个性表达的活动更能

引起消费者的共鸣。例如某烤肉门店开展了"干肉节"活动,和网络上流行的"干饭人"概念相对应。该门店第 1 年在私域社群里开展这个活动,24 小时卖出 1 万份套餐券。第 2 年线上线下联动开展此活动,甚至对店面进行重新包装,营造"干肉节"的氛围,抢占消费者心智,如图 4-5 所示。与淘宝的"双 11"、京东的"618"一样,该门店有属于自己的狂欢节日。每一个门店都应该有一个具有自己特点的节日,从而在消费者心智中长久地产生影响。

图 4-5　干肉节店面

总而言之,门店首先要设置一个能够和消费者高频互动的特权日,例如每周、每月一次的社群铁粉日,只有社群中的消费者才能享受特权。然后根据门店的"调性"和特点,以半年或者 1 年为周期打造属于自己的 IP 活动,抢占流量高地。最后在活动设定好之后,反复、重复、坚持做,这样就能将消费者长久地和门店、活动绑定在一起,让消费者成为门店的忠实消费者。

4.4　SOP 培育消费者生命周期

从消费者对门店有好感再到去店里购买商品,中间包含了很多的运营行为。门店都明白每一位消费者都是门店的重要资产,但是很多门店都不知道该如何评估这些资产。门店可以引入行业通用的 RFM 模型作为评估消费者价值的"尺子",以区分私域消费者的价值。RFM 模型的 3 个指标是:近度(Recency)、频率(Frequency)、额度(Monetary)。近度指的是最近一次消费时间的远近,频率指的是消费频率,额度指的是消费金额。门店可以通过对这 3 个指标进行综合考量，从而搭建会员体系，如图4-6所示。

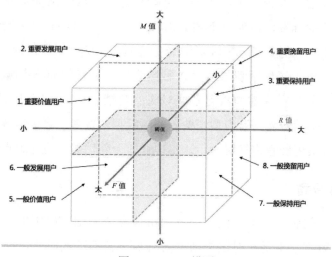

图4-6　RFM模型

近度是最近一次消费时间的远近，指的是消费者最近的活跃时间。当R的指数越大时，消费者就越久没有与门店进行交易，消费者流失的概率也相对增加。R越小，则表示消费者活跃度越高，消费者流失可能性越小。门店需要采取措施挽留R值较大的消费者，尽可能使消费者不流失。对应到私域社群的运营中，R值就是消费者最近一次跟门店互动的时间远近，如果消费者半年都没有和门店互动，那么基本就是"僵尸粉"了，如图4-7所示。

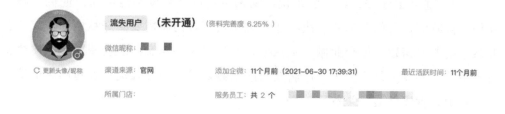

图4-7　门店私域中的流失消费者

频率代表消费者消费的频次，而这项指标则直接体现消费者的忠诚度，消费频率越高的消费者，其流失的可能性越低。F值越小，则代表消费者不够活跃。门店在社群中开展会员特权日、抢购等活动，都是为了提升消费者的互动及消费频次，提升消费者的忠诚度。

额度指的是消费者每次消费金额的多少，而其消费金额能够体现其消费能力与消费意愿，从而门店能够判定消费者是"羊毛党"，还是真正的优质消费者。门店能够通过消费者在社群中产生的交易额来对消费者做出基础的判断，同时给消费者打上对应的标签，以便对不同的消费者开展更有针对性的营销活动。

基于科学的 RFM 模型，在做消费者生命周期管理时，门店可以对消费者的生命周期进行拆解，了解消费者从进入私域到离开私域的通路有哪些特点以及蕴含了多少机会，然后在关键节点上开展对应的营销活动。门店可以把私域流量池中的消费者分为新消费者、潜力型消费者、活跃型消费者、忠实消费者，然后再用系统工具对这 4 类消费者进行培育，逐步地让一个新消费者成为忠实消费者。

1 新消费者

新消费者对门店要给他提供的服务、价值完全未知，门店也不知道这类消费者能不能长期留存。于是在对这类消费者开展运营活动的时候，门店需要做到以下 3 点。

（1）主动表明价值。在添加好友的时候，门店就要清晰地告知消费者未来门店会给他提供什么服务、对他有什么价值。门店要充分利用企业微信的自动回复功能来筛选不愿意接受服务的消费者，降低后续的服务成本。

（2）投放内容"探针"。门店要有节奏地向新消费者推送活动、优惠券、文章等，探测消费者的需求点，同时也给消费者打上对应的标签，为后面的精细化运营打下基础。

（3）建立信任关系。一般来说，新消费者的活跃度不是很高，他们一般会观望一段时间，有问题需要解决时才会主动发言。门店需要做好私域社群或者企业微信的账号搭建，如企业微信头像要让消费者感到真实，朋友圈发送的内容要有人情味，不要全是广告等。门店要对触点做好设计，提升消费者对门店的信任度，和消费者建立信任关系。

2 潜力型消费者

潜力消费者指的是有成交可能性的消费者。门店可以通过数据判断消费者是否频繁地浏览门店的商品介绍、转发商品宣传页面等，以判断消费者是否是为门店带来收入的潜力型消费者。门店要促进更多的新消费者升级为潜力型消费者，从而使更多消费者留存在私域流量池中。对于潜力型消费者，门店要做的是激发和推动其成为活跃型消费者。

门店千万不要急于售卖高客单价产品。在设计社群交易体系的时候，门店往往希望"一招走遍天下"，最好一个产品能够售卖1年。这样的策略最后导致的结果可能是销售量屈指可数，然后门店就会得出"社群转化率低"的结论。

门店可以按照消费者所处的阶段来向消费者推送相应的商品，新消费者刚刚进入私域，还在信任的建立过程中，最好先推出门槛极低的商品，例如儿童游泳馆推出的19.9元一次的免费游泳课、美甲店推出的29.9元一次的美甲套餐等，让消费者先付出第一笔钱，并让他完整地体验一次在社群中购买商品、获得服务的过程。门店一定要注意，不要急于售卖高客单价商品，而是先让消费者付一次钱。

3 活跃型消费者

这类消费者往往是门店私域社群中的KOC，他们频繁地抢购商品、参与活动、在社群中带节奏。这类消费者往往也是朋友身边的意见领袖，他们喜欢研究哪里有好吃、好玩的，喜欢发表自己的观点，他们中的有些人甚至是小红书、抖音博主。针对活跃型消费者，门店要充分保护他们的积极性，因为他们是门店每次做活动时最得力的种子流量。但是需要注意的是，活跃型消费者只是活跃度较高，不一定是门店的忠实消费者。门店可以采取以下两种策略做好活跃型消费者的运营与维护。

（1）给活跃型消费者参与感。当门店准备研发新品或者推出新的活动时，就可以在社群中召集活跃型消费者参与进来，让他们提出自己的意见。例如某湘菜餐厅在推出一个新菜品时，甚至以社群中参加活动的消费者的网名来命名新菜品，还在店门口摆放这个消费者的人形立牌，美其名曰"新菜品代言人"。

这个"代言人"带朋友来吃饭，1个月内都可享受6折优惠。参与活动的消费者特别开心，带朋友去吃饭也很有面子。虽然这是一个比较大胆的创意，不见得适用于所有门店，但在体验经济时代，让消费者有更多的参与感是每个门店都需要前置思考的关键问题。门店要让消费者觉得门店的发展与他有关，这样就能够带来共情、共鸣、共利的价值。

（2）让活跃型消费者做榜样。每个品牌都在孜孜不倦地告诉消费者："我"的产品有多么好、多么值得购买。这样的行为更像"王婆卖瓜，自卖自夸"，但是如果消费者能够自发地进行口碑传播，所带来的效果与作用就极为显著了。门店可以从社群的活跃消费者中挑选符合口碑传播要求的消费者，讲这些消费者与门店发生的有趣的故事，侧面反映门店能够给消费者带来的价值，吸引更多消费者购买。

4 忠实消费者

如果有大量的消费者产生复购，那就说明门店很有竞争力，而这些消费者也就是门店的忠实消费者。忠实消费者愿意为门店的承诺付费，如提前购买卡券、提前储值等，即便他们还没有享受服务，但他们可以放心地付出金钱。忠实消费者的占比遵循二八定律，忠实消费者在所有消费者中占比20%就已经是一个非常可观的数据。针对忠实消费者，门店要做到以下两个方面。

（1）制订一套完善的消费者回馈计划。这样的计划只针对忠实消费者群体，而回馈计划的独特性和专属的权益会吸引更多消费者成为忠实消费者。门店开展的回馈计划可以是新品上架第一时间专属优先抢购权，也可以是带朋友消费打折。总之，回馈计划要让忠实消费者感受到自己被重视。

（2）满足荣誉感。门店可以在线上设计一套勋章和升级体系，有的门店甚至还设计了一套实体的勋章。消费者在社群中成长到一定等级后，不仅线上的等级会有所提升，获得的权益会增加，还可以到店验证身份领取实体的勋章。如果勋章很特别且很有意义，还会有很多消费者专门收集这样的勋章。

消费者从进入私域到成为忠实消费者，中间需要经过多个阶段。最理想的情况是消费者可以一直复购，所以在整个阶段，门店需要有意识地采取一些运营措施来培育消费者的忠诚度。为了更加有效率地推进工作，门店可以把这些运营措施制订为标准的计划，如门店可以用咚咚来客的SOP功能将门店的私域计划标准化、简单化，让普通员工也可以有计划地执行门店的私域流量运营策略，使培育消费者生命周期这项工作常态化、日常化。

4.5　培养忠实消费者，差别对待

开店容易留客难，培养消费者忠诚度并非一件易事。随着竞争日趋激烈，不同门店之间商品的差异性越来越小、营销手段大同小异，消费者的消费需求却千变万化，因此培养消费者的忠诚度就显得尤为重要。

1 不要对所有人一视同仁

门店可以在营销中采取诸如只有某一类消费者才能获得某个特权、某个社群才能参与某个活动、某个级别的消费者才能享受某种优惠的策略。我们在研发产品的时候,也做了一些这样的设计,如有的商品只能在老顾客的社群里开展抢购活动、定向发到群里的商品链接无法转发给别人、没有抢购权限的消费者无法点击购买等。门店可以用这种方式引导消费者向更高层级的消费者升级。

2 对新顾客花钱,对老顾客花时间

和新顾客建立信任关系,门店需要付出时间,更需要付出金钱。最简单、直接的方式就是用钱来打消新顾客的顾虑,快速促进新顾客购买,如给予新顾客补贴、优惠、折扣等。对于确实有需求的商品,消费者不需要过多思考,只需要判断价格是否划算、是否值得购买,然后通过最短的决策路径就可以跟门店产生联系。

而老顾客对门店已经有一定的了解,要和老顾客建立长久的信任关系,门店需要花更多的时间去维护老顾客。门店不仅要对老顾客开展针对性的活动,还要和老顾客进行走心的互动。维护老顾客的成本远比获取新顾客的成本低,因此门店要珍惜老顾客,做好对老顾客的维护工作,充分挖掘门店私域中老顾客的价值。

3 品牌也要有人格

人们常说,顾客就是上帝,似乎门店在消费者面前就是一个卑微的存在。随着"Z世代"年轻人逐渐成为消费主角,跟他们如朋友般平起平坐的品牌似乎更受他们的青睐,如太二酸菜鱼秉持"超过4人不接待"的原则,巴奴火锅打出"不过度服务,我的优点是毛肚"的宣传语。品牌也应该有属于自己的人格,向消费者传递自己的个性,并通过私域社群来强化这个特性,使品牌运营人格化,完成从卖货到传递品牌价值的升级,实现和消费者的情感共鸣。

有的门店可能会觉得自己私域中的消费者已经留存了,就没有必要再给他们优惠了。实际上这个想法是错误的,因为老顾客的激活成本远远低于拉新的成本。所以对于老顾客,门店应该更有计划性地给他们提供价值。无论是抽取霸王餐资格活动,还是抽取新品体验券活动,或是别的折扣活动,都要多针对私域的老顾客开展,让他们感受到自己身为门店老顾客所能获得的好处之多。如果这些好处还附带感性价值，能够让老顾客感受到门店的用心，那就更好了。

总之，门店要对老顾客更上心，多给老顾客提供福利。因为老顾客在门店中消费过，甚至已经和门店建立信任关系了，所以门店吸引他们再次来消费会更容易。

小　　结

从卖货到经营社群，门店需要调整思维。跟在线下开店一样，线上门店生意的好坏也取决于门店的经营能力。茑屋书店的创始人曾这样点评那些没有经营下去的书店：这些书店最大的问题，就是它们卖书。但是一个书店不卖书，应该做什么呢？茑屋书店给出了极好的示范：经营这群爱书的人，给他们提供生活方式。因为书只是生活方式的一个载体。这个逻辑运用到私域流量的运营上也十分适用。

笔者曾认真研究过茑屋书店的运营模式，也十分认可其经营消费者的逻辑。其围绕消费者需求构建运营体系，实现门店跨周期的生长。本章用了较多的案例，试图给读者描述一个轻量级社群运营的场景。需要构建运营体系，是私域流量运营的特点，也是其难点。之所以很多门店建了无数的群最后都变成"僵尸群"，加了无数的好友但最后都无法产生商业价值，是因为它们没有成体系的运营策略。关于社群营销，门店需要知道以下几点。

（1）围绕复购来构建运营体系，像谈恋爱一样对消费者走心。最重要的是给消费者创造价值，站在消费者的立场构建利他的运营模型。

（2）运营私域流量不是陪消费者聊天，而是通过智能手段将消费者分层、分组，开展有针对性的运营活动。再通过精准触达，让消费者感知到价值。

（3）简单的动作重复做。门店可以把一些活动变成IP，比如社群特权日。通过日复一日的坚持与社群中价值的传递，让消费者看到门店的用心。

（4）用SOP固化运营措施，用流程化思维优化运营结果。

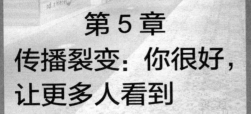

第 5 章
传播裂变：你很好，让更多人看到

私域开店第三步：老顾客转介绍。门店可以使口碑传播数字化，让消费者在网络上主动帮门店传播裂变。我们服务过很多客户，有专注打磨产品品质的老字号匠心品牌，也有不断整合资源力求快速发展的新兴品牌。前者投入大量资金和时间在产品研发上，经过时间沉淀之后的确收获了大批的忠实消费者。但随着互联网对各行各业的冲击以及供应链厂商的升级，各大品牌之间的产品壁垒越来越低，开展营销实现品牌的传播裂变比研发新产品的发展空间更大。很多老字号品牌都拥有一批忠实的老顾客，但极度缺乏新顾客，因此"老字号"的名头从一个荣誉变为一个枷锁桎梏着品牌的发展。后者则依赖资本助推，获得流量红利实现快速扩张，发展形势一片大好。可一旦资本撤出，有竞争力的产品尚未打磨成熟，营销只注重转化却忽视品牌心智的培养，新兴品牌在消费者的心目中"面目全非"，很快就会被淘汰。

其实无论是哪种品牌，都要使传播更加多维。从产品打磨到市场曝光，从消费者积累到心智培养，把品牌的"美"展现出来并让更多的消费者认同，才能让品牌不断跨越周期、持续发展。这是一个动态持续的过程，在这个过程中如何放大品牌的"美"，主动引导消费者传播品牌的"美"，也是一个很重要的课题。

5.1 摆脱"酒香不怕巷子深"的旧观念

产品是门店发展的第一关键要素，门店开门做生意的基石，也是门店开展各种运营和营销活动的基础。但门店一定不要"唯产品论"，认为只要产品质量好，其他都不重要，或者认为只要产品质量足够好，客人就会接踵而至。门店一定要改变"酒香不怕巷子深"的旧观念。因为当今时代消费者的需求更加多变，对产品的质量要求也越来越高，而且大多数门店的产品质量都是有保证的，所以在当下这个竞争激烈的市场环境下，门店除了应该追求极致、不断探索外，还需要开展很多运营活动主动影响消费者，引起消费者的传播裂变。

同时，门店也不能"唯营销论"，认为只要营销做得好，就不怕产品没人买。实际上，"基本功不扎实"的品牌很难获得长远的发展，产品和营销相辅相成。同理，私域流量运营是在新冠病毒感染疫情大背景下被门店广泛运用的一个策略，私域流量对门店来说是锦上添花。如果门店没有消费者基础、品质得不到消费者认可，私域流量池也就无从搭建。把基础打扎实再运营私域流量，才能带来更稳健的增长。例如餐饮行业里"好口味、好环境、好服务"就是基础，没有基础的打底，任何技术手段、营销策略都无济于事。

门店除了要重视产品质量外，也要放大品牌自身的媒介价值。有非常多做得好的品牌，都投入了巨大的成本做研发、打磨产品质量，但很多消费者并不知道品牌所付出的努力。要让消费者知道品牌付出的努力，除了花钱打广告外，品牌也可以在私域社群、朋友圈、公众号中向消费者展示自身所采取的措施以及希望给消费者提供的价值。

例如天图资本冯卫东曾经分享过他们投资的甘其食包子案例。在产品方面，为了让产品品质、口感更好，甘其食的团队精益求精，对原材料精挑细选。也正是因为这样，甘其食获得了投资机构的青睐。在获得融资准备大规模扩张时，为了弥补开店成本的损失，甘其食给包子涨了几毛钱，结果生意受到了很大的影响。因为从外表来看，消费者并不知道甘其食的包子与其他便宜的包子有何不同，所以更多人会选择便宜的包子。因此，门店千万不要默默做产品研发、优化，而是一定要让消费者知道门店为了给他们提供更高的价值做了哪些努力。而私域就是一个免费的展示门店所做努力的传播通道。

此外，门店还要构建好对外展示的虚拟形象。现在很多门店开业前都一定会找专业的设计公司为门店做形象设计。这样做的目的是打造门店的独特性与辨识度，让消费者记住门店。开一家私域门店也是一样，一定要先把门店的形象包装好，例如微信的头像、企业微信名片、朋友圈封面图、日常在朋友圈发的内容等。这样在每一次传播裂变的时候才能够更好地让消费者记住门店，而每一次传播裂变都是一次门店完美曝光的机会。

5.2 门店传播裂变三要素，老客带新客

当流量红利消失、线上流量见顶时，线下这个曾经被大家忽略的流量入口变得越来越重要。每一个店就是一个流量入口，与线上电商品牌需要不断花钱买流量不同，线下门店因为地理位置优势，开业就会有流量。但仅靠被动地等客上门，是远远不够的。门店需要推广、宣传，还需要老顾客转介绍，更需要通过私域流量运营打通线上线下消费者转化通道。有了自己的基础流量之后，门店就可以运用"裂变因子"，使存量老顾客带来新顾客。传播裂变的核心因子，笔者将其简单、抽象地概括为：共情、共鸣、共利。

1 共情

共情的具体体现是消费者能被门店设置的场景打动。例如朋友圈中有着"不转不是中国人"的标题的文章就是在利用民族自豪感做内容传播。"标题党"往往是利用共情实现传播裂变的高手。很多门店不会选择用"标题党"的方式做传播，但共情的逻辑是通用的，在营销活动中也很常见。

例如开展一个"给抢险救灾的官兵们的一封感谢信"的活动，感谢他们的无私奉献，然后将这个活动链接发到社群里，让社群的消费者点进来签名，并鼓励大家发朋友圈，这就是一种共情的方式。因为消费者也觉得抢险救灾第一线的官兵确实很辛苦，很感谢他们的付出，因此消费者愿意用一个这样的仪式来表达自己的感谢，于是这就会产生传播与裂变。

2 共鸣

相似的经历能够引发消费者的情感共振。例如健身软件Keep的"自律给我自由"这一句口号，让无数的年轻人刷屏传播，因为这句口号引发了健身人群的情感共鸣。除了这种精神型的口号，还有每到年底各大互联网公司的年度报告，帮消费者回忆这一年在美团上定过的餐、在淘宝上买过的货、在微信上发过的朋友圈等。这些公司试图用这种回忆共鸣来让消费者参与到传播的大军中来。深圳地铁里有一段文案，极其打动来深圳打拼的年轻人。那段文案讲的是来到深圳打拼的年轻人，他们不摸鱼、不划水、不甩锅，他们是积极向上的奋斗青年，如图5-1所示。这段文案的传播面很广，因为大家传播这个内容的时候就是在表明身份：

"我"也是这样的人。

图 5-1　深圳地铁海报图

3 共利

共利就是通过利益刺激消费者主动传播。让消费者产生共情和共鸣确实十分不容易,但让消费者获得一定好处则容易多了,所以共利是最常见的传播裂变因子。

通过利益诱惑,促使消费者自发传播营销内容,这样消费者自己购买时可以获得好处,而且消费者的朋友也可以传播营销内容,从而获得好处。

图 5-2　幸福西饼活动照片

例如幸福西饼结合线下的物料进行触发宣传,就是利用进店的存量消费者来发展新顾客。而通过线下渠道把门店的消费者吸引进社群后,消费者会收到一个砍价的裂变活动邀请。一百份免费的火腿芝士,消费者只需要邀请好友帮忙砍一刀,就可以减免一部分金额。邀请的朋友越多,价格就越低,邀请的朋友达到一定数量时,即可免费领取商品,如图 5-2 所示。

被邀请的消费者也可以获得免费的资格,于是被邀请的消费者也会产生传播裂变。这个活动给幸福西饼带来近万名新顾客,而奖品的成本大概是 2 000 元。这个新品获得了数十万的曝光,获客成本仅为 0.2 元 / 人。如果这个产品原价 100 元，消费者分享到朋友圈，有朋友通过分享链接购买，消费者就可以获得 20 元现金。这样就可以把广告费变成给客户的福利，实现更加有效的传播裂变。

这些裂变因子对门店私域流量运营的结果有着很重要的影响，再结合一些有趣的玩法，就基本搭建好了传播裂变的基本盘。

5.3 私域将成为品牌表达的重要阵地

品牌将自己的精神、优势、特点、个性等通过私域流量运营体系传递给消费者是一件特别重要的事情，这也是品牌在构建自传播体系。品牌在这个体系中潜移默化地影响消费者的心智，培育自己的忠实粉丝。而大多数品牌已经有自媒体的意识，在公众号时代就进行了很好的能力培养及市场教育，只不过那时候是"品牌说，消费者听"，而现在需要品牌与消费者进行有来有回的信息互动。

品牌才是最大的流量池，只有品牌抢占了消费者心智，消费者在购买的时候才会优先想起品牌，品牌才能完成心智预售。例如可口可乐品牌就抢占了消费者心智，消费者在想喝可乐时就会优先想起可口可乐。

在构建品牌的过程中，我们不可能像王老吉、可口可乐那样全网做营销，但我们可以先从门店周边 3 000 米范围内的小区开始，让自己的门店成为周边小区、街道的知名品牌，这样小区居民在有相应需求的时候就会优先想起我们的品牌，就会优先走进我们的店。

首先，门店要建立高频对话网络，如让消费者加微信、进入社群。门店要先把到店、从门口路过、进出小区的流量留存到自己的私域流量池中。很多有钱的品牌都会选择花钱买曝光度，虽然门店的预算有限，但可以利用自己的地理位置优势，提高自己的曝光度和触达消费者的频次。

品牌进入消费者心智的第一步就是让门店信息高频地触达消费者。门店要确保消费者在小区门口可以看到门店，在朋友圈可以看到新品上架的图片，在群里可以看到门店发放的专属优惠券，每个月消费者可以参加不同的优惠活动。如果这些渠道没有搭建起来，门店就没有跟消费者沟通的机会，更谈不上品牌表达了。

其次，门店要传递品牌精神。运营私域流量的首要出发点，是用数字化的手段来经营一群人，而凝聚一群人最好的方式是拥有共同的精神追求和目标。除了性价比、物美价廉等理性因素外,越来越多的消费者会被品牌的精神打动和鼓舞。例如新东方出口成章的主播所展示出来的文化的力量、华为百折不挠的企业精神等。品牌的内在精神会吸引众多粉丝,而这样的精神所具有的意义更为深远,对品牌的传播宣传也更为有效。门店在社群开展的互动、营销活动,都是品牌精神的外化。

在物资极其丰富的今天,消费者依然会孜孜不倦地寻找自己喜欢的品牌。好的品牌是有人格的,更是有人情味的。通过私域流量运营传递品牌信仰、精神、价值观,听上去虚无缥缈,但实际上只有具有精神的品牌才可以与时俱进,不被时代所抛弃。

5.4 利用社群搞事情,用事件带传播

我们摆脱了"酒香不怕巷子深"的思维束缚,构建了属于门店的流量通道,掌握了共情、共鸣、共利的裂变因子,还进行了品牌表达,此时我们就搭建好一个优质品牌的基础框架。接下来,我们就要利用市场营销活动让消费者与品牌产生深度连接。很多人都认为策划活动是一件很困难的事,其实我们可以借助一些实用工具,例如咚咚来客内置了很多活动模板供可供我们参考,如图5-3所示。

针对门店的智能场景模板,运营团队照着做

图5-3 咚咚来客活动模板

在社群中做品牌联名宣传是这几年我们常见的品牌活动之一,这个活动可以使各品牌互相接力放大品牌声量。除了在产品上印上双方品牌的Logo外,两个品牌在社群中互相传播和互换消费者也是私域价值的一个很好的体现,如图5-4所示。

图 5-4　混果汁和全棉时代联名合作

除了品牌联名外,在社群中能开展的活动还有社群爆款套餐、粉丝线下活动,以及社群品牌节。门店也应该以月度或季度为周期在自己的社群中开展主题活动,集全公司之力打造出像淘宝"双 11"、京东"618"一样的主题活动。

5.5　用好工具,让爆款持续裂变

所有高效营销裂变方案都需要门店场景搭配契合工具来落地,而门店做私域裂变有一定的独特性。门店如何获取周边 3 000～5 000 米的消费者?如何对周边的消费者进行精准营销?如何让每个门店做更匹配自己门店特点的营销活动?门店可利用第三方工具来选择适合门店形态的运营方案,例如咚咚来客系统中有能够满足多形态门店运营私域的需求的运营。

在选择私域营销工具时,一定要考量这个工具有没有按照门店的形态来设计产品结构。这样才能在权限设置、总部和分店之间的权责利等方面有明确的规定,否则后续的运营将会是一盘散沙。

门店有了产品结构之后,在做各种营销活动的时候,才能以门店为单位开展活动,更能够精确地设置活动覆盖的范围,帮助门店获取精准的消费者,减少"羊毛党"的干扰,如图 5-5 所示。

图 5-5 以门店为单位的营销活动

出色的营销能力十分重要。私域就像一个牧场，消费者就是奶牛，奶牛需要新鲜的嫩草喂养。嫩草就是各种流通的内容，内容中要有很多的营销活动，而这些营销活动需要贯穿"拉新—互动—成交—裂变"全流程，还要兼顾品牌价值。因此，营销活动不能只是简单地拉群、粗暴地发优惠券。此外，如果涉及多店联动，在社群中做营销活动时还要考虑利益的分配。

小　　结

共情、共鸣、共利是引发传播裂变的底层因子，门店要围绕这 3 个关键要素设计活动，基于门店已有的私域种子流量，利用社交网络把消费者被动的口碑传播变成主动传播，实现品牌的倍数曝光。门店进行私域流量运营的重点在于要在微信生态中搭建私域流量体系。微信生态有中国最成熟的好友关系链，我们可以充分利用微信的社交属性，围绕品牌的特性设计合理的营销裂变活动，以极低成本获得新消费者及实现品牌曝光。搭建好了私域流量运营的基础设施，门店需要结合自身特点，用好营销裂变工具实现品牌增长。

私域流量运营具有个性化的特点，因为每一位消费者都具有自己的个性。在私域中沉淀下来的最大资产一定是数据资产，每个消费者在私域中的行为与数据都被私域平台清晰记录在数据库中。这是显而易见的数据资产。所以，在进行门店私域流量运营时，获取私域流量不是最终目的，它只是门店数字化经营消费者过程中的一个重要环节。门店要学会把消费者引入微信私域中，通过科学的体系设计，让消费者与品牌产生双向互动。这样既可以让消费者享受便利和优惠，也可以让品牌拥有免费的触达消费者的渠道。微信不只是营销工具和社交平台，还是让消费者参与品牌共建的基地，是品牌表达的阵地，是 KOC 的培养器，是铁杆粉丝的聚集地。

私域流量运营是门店实现数字化经营的第一步，门店只有用心经营自己的消费者，给消费者创造价值，才能走得更远。同时门店应该紧跟时代步伐，用数字技术手段来经营自己的消费者。

门店实现数字化经营的下一步则是实现运营的个性化。如果全世界所有人的所有行为都是一样的，那么记录消费者的数据就毫无意义。正是因为消费者的个性不同，所以数据才具备价值。当我们能够从消费者行为中挖掘出消费者的个性特征时，我们就可以通过这些个性特征为一群消费者乃至一位消费者提供更适合他的服务，这便是数据化的终点，是个性化的核心要义。

第6章
互动交易：跟消费者玩在一起顺便卖东西

私域开店第四步：让消费者为价值埋单。既然是开店，当然就要盈利，门店都希望消费者能够在自己的流量体系里付钱埋单。私域流量是通过强互动属性来构建的流量体系，消费者是品牌的朋友。门店到底应该用什么办法让消费者心甘情愿地付钱？答案是把每一次交易变成一次跟消费者一起玩的活动，把交易目的融入互动活动中，让消费者一边参与互动一边产生购买行为。

构建私域流量体系能够为品牌运营奠定基础，消费者喜欢的品牌往往是那些能跟他们"打成一片"的。尤其是在面对年轻群体的消费者时，跟他们做朋友的品牌更容易获得他们的青睐。品牌是有个性和人格的，品牌应该用自己独特的魅力去吸引消费者，跟他们玩在一起。

消费者和门店在私域社群中具有强互动特性，在社群中消费者和门店可以实现双向互动。门店可以在社群里主动影响消费者，一对一地给消费者发信息，也可以在朋友圈发"种草"内容给消费者"安利"，这样融合了社交、内容、兴趣等需求的新型交易模式在私域门店中就诞生了。一边跟消费者互动，一边产生交易的形式，叫作互动营销模式，如图6-1所示。门店通过在线上和消费者互动，与消费者达成交易关系。在私域流量运营体系中，不仅有理性的比价和优惠活动，还会有感性的带有情绪价值的互动。在私域中，消费者会被"种草"，会在群里跟风，会有羊群效应。

图6-1 门店和消费者互动营销路径

6.1 打造以人为中心的交易体系

不同的互动形式会带来不同的交易模式。在过去近20年的发展中，淘宝、京东这样的传统电商平台在很长一段时间内独领风骚，在淘宝、京东我们能通过搜索去寻找我们想要购买的商品，这种人找货的模式，叫作货架型交易模式。我们可以简单理解为：有一个货架，上面摆放了很多商品，消费者从货架上寻找自己需要的商品。在需求过剩、供给不足的时候，方圆5 000米只有一家店，消费者只能在这家店里购买商品，但现在每5米就有一家店，消费者不可能再这么容易地作出购买决策。

当今时代，供给饱和，供需关系正在发生变化。例如伴随着微信社交的发展，像"云集"这样的社交电商平台层出不穷，"自购省钱+分享赚钱"模式让消费者参与到分销大军中来。再到拼多多横扫朋友圈，用拼单的方式就可以享受9.9元包邮。后来出现的小红书"种草"，是用内容的方式引导消费者购买，通过高质量的"种草"内容向消费者"安利"，促使消费者产生交易。近几年大火的抖音短视频，是通过算法来识别消费者喜好，通过推送对应的商品，让消费者在兴趣的促使下产生交易。无论是货架电商、社交电商，还是内容电商、兴趣电商，都是流量结构的变化所带来的新型交易模式。而当我们拥有了私域流量之后，我们就可以在私域流量池里和消费者进行互动交易。

互动交易的前提是互动。互动是人与人之间的联动，门店要打造一个以人为中心的交易体系。以人为中心是门店在运营私域流量时一个非常重要的落脚点。私域流量运营实际上是通过数字化的手段洞察消费者、经营消费者，实现商业目标，以产生新的交易和带来复购率增长。

以人为中心的交易体系就是围绕符合门店定位的消费者的特点来打造运营和交易体系。门店要清楚消费者的特点，以及消费者群体的需求和共性，从而围绕消费者群体来设计交易体系。

例如母婴店在做私域流量运营时，可以针对宝妈人群设计对应的活动。例如，针对宝妈人群举办育儿讲座、宝妈育儿心得分享交流会等活动，让门店与宝妈群体玩在一起。之所以要用这样的方式构建交易底座，是因为消费者现在并不缺少购买商品渠道，更多是需要情感共鸣和人情互动。

当消费者进入门店的私域流量池后，消费者会被动地被门店影响。门店会用商品去匹配消费者的需求，门店还希望商品能够裂变、传播，能够匹配更多有需求的消费者。而这个时候门店首先就应该关注消费者的特点，优先思考消费者需要什么，消费者人群具有什么特性，从而基于人群的特性来打造门店的运营结构和交易体系，使门店的流量变留量，如图6-2所示。

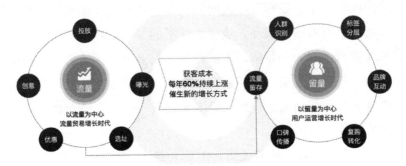

图6-2　流量变留量

例如某社区型西餐厅在打造社群交易体系的时候，发现门店的消费者主要是以家庭为主，而这些家庭消费者除了到店吃饭外，还经常在群里询问是否有线上可购买的牛排。于是门店在社群中推出了真空包装牛排，供消费者在线上购买。同时，在运营的过程中，门店发现很多家庭的孩子都在5～8岁，而孩子的妈妈经常在群里讨论孩子的生活起居。西餐厅老板刚好有一位经营童装店的朋友，于是他联系了那位朋友，让他给自己的会员打专属的折扣，然后在群里组织了一次童装抢购接龙活动，效果非常好。

这种运营行为已经远超一家西餐厅该做的事情了，但看上去不务正业的行为却让消费者乐在其中，消费者复购率非常高。实际上，这家西餐厅就是在经营消费者、洞察消费者，围绕消费者的特点和需求，为他们提供对应的产品和服务，打造满足消费者需求的交易体系。

门店在经营自己的消费者时，首先要思考消费者的特性以及共性，并深入洞察消费者的需求，以消费者为中心去打造交易体系。

6.2　寻找消费新场景，为场景设计商品

在当前成本上升、利润降低的环境影响下，很多商家都说生意难做，都在艰

难求生存。但实际上,生意的本质没有变,消费者对美好生活的向往没有变,对高性价比的要求没有变,那么为什么做生意就变得困难了呢?

外部环境会改变消费场景。例如,随着消费方式的变化,人们聚会的需求并没有消失,只是解决这个需求的场景改变了。新场景的出现会让消费者在做选择和购买决策的时候出现一些相应的偏差,所以我们要去寻找消费新场景,然后找到与这个场景匹配的商品,从而满足消费者的需求。在门店的私域社群中,门店可以通过与消费者互动,去寻找消费者没有被满足的需求。

2022年初,广州一家有着600平方米营业面积的烤肉门店,由于各种因素的影响,该烤肉店的营业业绩并不理想。而且即使门店营业业绩较差,每个月的房租、水费、电费也要照常支付。

针对这一情况,商家积极探索新的消费场景,开拓出外送服务,以更好地满足消费者"足不出户,也能完成聚餐"的消费需求。于是,他召集员工开会,让大家设计适合配送到家的套餐。此外,门店还购买了一些烤炉,和套餐一起组合成一个可以配送的烤肉外卖包。这个外卖包既满足了消费者在家里吃烤肉的需求,也满足了消费者想要在户外活动时吃烤肉的需求。

门店对成品拍了一些照片,进行了简单的包装设计,然后在社群中发布了这样一段话:"现在烤肉店推出了一个烤肉外卖包,只要您在小程序上提前两天预约,门店就为您准备好新鲜的菜和肉。只要您添加了店长的微信,门店就会免费送您一个烤炉,这个烤炉不用归还给门店。而且添加店长的微信后,今后通过微信找他点餐还能享受8折优惠。"

门店通过这样的创新方式,满足了社群中想要在家聚餐的消费者需求。在自己的私域中进行了一次呼声很高的销售后,门店断定不只是自己的消费者有需要,还有很多其他的消费者也有这样的需求。于是,门店就找到一些抖音、小红书的达人,以及一些社区团长,让他们帮助门店在他们自己的私域中传播烤肉外卖套餐链接,最后卖出了1 000多份。当前,在家里聚餐就是一种新的消费场景,因此门店可以通过洞察消费者的需求,设计SKU(最小存货单位)实现线上售卖,如图6-3所示。

图 6-3　创建新 SKU 线上售卖

某日料店的门店发现，一到周末，社群中的消费者就会在社群里面讨论去哪里露营，然后会分享很多非常有生活感、精致的露营照片。随着居民消费水平的提高，消费者的消费需求开始从满足温饱的基础型消费，转向精神层面的享受型消费。越来越多的消费者开始喜欢亲近大自然，例如在公园里面搭一个帐篷，和自己的家人在一起谈天说地，吃一些下午茶，感受大自然的气息。这种生活非常惬意。日料店的商家思考能否让日料和这个生活场景建立联系呢？商家决定为消费者提供一些适合在露营时吃的餐品，于是他研发了一款预售型外卖产品。这个外卖产品里面包括寿司、饮料、甜点等餐品，这些餐品组合成了一个 239 元的野餐盒子，如图 6-4 所示。

图 6-4　日料店推出的野餐盒子

日料店的门店将这款产品上架到咚咚来客系统上，并通过社群群发了产品链接。此外，该商家还发送了一段文案："看大家一直在讨论露营，我们日料店专门为大家准备了一款精致露营日料盒子。只要是群里的好友，就能够以 1 元购买

100 元的抵用券，最终以 139 元的价格获得野餐盒子。您提前一天预约，我们会安排骑手将餐品准时送到您露营的地方。"门店社群里的消费者都享用过门店的餐品，和门店建立了基本的信任关系。而充满设计感的日料盒子又能够让消费者拍出美美的照片，在朋友圈里面分享精致的露营生活。于是，这家日料店不仅获得了订单，还促使消费者对餐品以及门店分享和传播，这便是这家日料店在新消费需求的涌现下所找到的一个新的消费场景。

要洞察到消费新场景，门店就需要走到消费者群体中，倾听他们在讨论什么、在抱怨什么。消费者每一个抱怨的背后就是一个需求，门店围绕这个需求就可以创造出无限的商机。此时门店建立的互动社群就会发挥巨大的作用，使门店能够直接听到消费者的声音。例如，幼儿园的孩子精力旺盛但又需要陪护，学校放假了就只能由妈妈全职照顾，因此妈妈们十分辛苦。广州一个茶饮品牌看到一些妈妈在群里吐槽学校放假、带孩子费心劳神，灵机一动推出一个"让放假的孩子一起玩，妈妈扎堆遛娃"活动。这个活动的目的就是让孩子们在一起玩，减轻妈妈们照顾孩子的负担。

该茶饮品牌顺便推出了"妈妈辛苦了，新品奶茶买 3 杯送 2 杯，一起遛娃碰一杯"的活动，这个活动瞬间点燃了在群里抱怨放假的妈妈们的参与热情。很多妈妈开始在群里约定一起遛娃、一起喝茶。大家一边在群里约，一边拉自己身边的妈妈进群。这个商家再通过企业微信的进群自动欢迎语功能把活动传达给新进群的人。所以，在生意不好做的时候，门店应该反复思考消费者还有哪些需求没有被满足，从而找到新的消费场景，推出相应商品，提升交易额。

6.3 预售套餐是门店销量增长的一把"尖刀"

除了可以实现标准化销售的线下零售门店外，例如服装、百货门店，还有很多线下门店提供非标准化的服务和产品，例如美容院的服务、口腔门诊的业务、餐饮门店的美食等。

这些提供非标准化的服务和产品的线下门店想要摆脱线下的束缚获得更多的订单，而且还要有一定的利润，首先要思考如何生产更多的产品。这些门店可以将非标准化的服务和产品组合成预售套餐（见图 6-5），因为预售套餐可以实现规模化销售,而且不会在短时间内给门店运营造成压力。

图6-5 门店的预售套餐

我把这种预售套餐叫作社群"期货":消费者今天买,但可能过一段时间才来消费。把商品和服务套餐化,其实就是把这些非标准化的服务和产品变成标准的优惠券,消费者购买这个标准的优惠券,然后再到店里核销就可以了。美团等团购平台已经实现了套餐的预售,消费者已经清楚地知道整个操作流程,因此门店在推出预售套餐时无须给消费者做过多的解释。

以餐饮行业为例,这种预售套餐跟线上外卖是完全不一样的逻辑。

(1)外卖是"现货"。外卖对时效性的要求很高。消费者点了外卖,一般期望餐品在1小时内被送到,否则商家或者外卖骑手就会遭到消费者的投诉或者消费者会申请退款。

(2)外卖的出品有数量限制。对一家门店来说,在集中时间段内能够出品的外卖数量有限,假如一家门店的产能是500份,那么它在外卖高峰期是无法做出1 000份的外卖餐品的。

（3）外卖的毛利较低。一个常规的餐饮门店的外卖占比在15%～20%较为合适，外卖的比例不宜太高，否则门店没有利润。餐饮门店大部分的利润还是来自堂食，因为堂食客单价高、交叉营销概率大。

门店在构建了自己的私域流量池之后，可以根据门店的品类特点，设计适配的爆款套餐，用售卖预售套餐的方式来打造社群交易体系。有的门店也会在团购平台、自媒体平台上售卖自己的爆款套餐，门店需要给予这些平台8%～20%的抽佣，但最终并没有带来明显的销量增长。而门店在私域中推出自己的预售套餐，不用给第三方平台抽佣，消费者可以直接跟门店产生交易。门店可以用优惠活动回馈老顾客，和消费者建立更加紧密的联系。这个微小的改变，不只是套餐放在自己的社群卖还是放在平台上卖的区别，而是消费者心智的养成以及门店流量主权的变革。

松哥油焖大虾广州分公司曾做过一次测试。在搭建好基础的社群流量池后，门店将其在某团购平台上的特价套餐"复制"到社群中，既套餐的标题、图片、内容都跟团购平台上的一样。门店在5个社群中推广了这个套餐，仅半天时间就卖出了300份，而这个套餐在团购平台上半年时间才卖出300余份，如图6-6所示。

图6-6　消费者在平台中和门店私域中购买套餐

很多消费者到店后才去美团查看是否有优惠套餐。这是为什么呢？因为消费者在平台上购买商品的时候记住的是平台，平台的算法在一定程度上影响消费者的购买决策。如果门店不能在平台上排在第 1 页，大概率不会被消费者选中。而消费者进入门店的社群后，只能在社群中选择购买门店的商品，这是有本质上的区别的。

门店在自己的私域流量池中售卖自己的套餐，把优惠和特权留给自己的私域消费者，不仅可以获得消费者的忠实拥护，还可以吸引更多新消费者进入自己的私域流量池。

6.4　周期性爆款运营及发售策略

随着移动互联网的发展，微信已经成为人们生活和社交的必需品。门店可以以微信为载体，通过公众号、企业微信等微信生态中的社交工具免费连接和触达消费者。微信生态中的工具已经非常成熟，它可以让我们用最低的成本直接连接消费者，并主动影响他们购买商品，如图 6-7 所示。

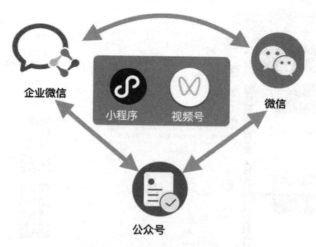

图 6-7　门店私域生态闭环

门店在社群中周期性地推出爆款产品是为了让消费者养成购买产品的习惯，并持续刺激消费者在社群中保持活跃和兴奋状态。交易转化的公式是：交易额 = 流量 × 转化率 × 客单价，这个公式是所有交易公式的原型。这个公式告诉我们，交易主要包括了大部分：流量、转化率、客单价。但这只是交易的大方向，实际的运营工作非常错综复杂，这个公式还不足以指导我们将运营工作做得更细。所以我们要将这个公式拆分，以便更好地指导我们的运营工作。

1 流量

私域里面的流量大多来自 5 大渠道，分别是企业微信好友、企业微信群、员工分销、粉丝分销和外部广告。每一个渠道的流量产生的交易，都可以形成自己的一个独立公式，例如企业微信好友交易额 = 好友数 × 商城访问率 × 转化率 × 客单价。这个公式实际上是消费者行为路径的体现。消费者收到活动信息，打开小程序，最后下单购买。

企业微信好友的交易额公式表明商家有多少个企微好友，有多少人对活动感兴趣，多少人打开小程序购买，平均每个人花费多少钱。企业微信好友是商家平时不断积累沉淀下来的，也就是通过引流所获得的粉丝存量。商城访问率与商家的产品优惠力度、宣传文案等因素有关系。

2 转化率

影响转化率的因素有很多，例如活动页面的整体设计是否美观，活动是否限时，主题文案是否突出营销信息，是否利用了从众心理等。当然最重要的影响因素是产品的质量、优惠力度。在文案设计方面，门店可以利用时间策略，向消费者明确活动的紧迫性。例如在文案中添加"72 小时专场""倒计时 4 小时"等文字，使得推广文案能够很好地提高消费者的转化率。

下面通过一个具体的案例说明如何对影响转化率的这些因素进行设计。某服装品牌在线上推出 72 小时促销活动，全场所有服装均为 5 折。由于该品牌服装质量上乘、款式时尚，因此活动十分火爆，很多商品很快就被抢购一空。而且该品牌将一些已售罄的商品摆放在前列，故意制造出稀缺感和紧张感，促进消费者购买，提高转化率。

3 客单价

要想在社群中售卖爆款产品，最重要的是做好爆款产品的设计。爆款产品设计会极大地影响整体的客单价，因此我们要运用好一些营销策略。例如将爆款产品跟其他产品组合，推出 A、B 套餐或者满减活动。如果门店的爆款产品是肩颈按摩仪器，那么可以将其与健身水疗、头皮放松等产品进行组合，还可以使用商品价格对比策略，让消费者明确单品售价和套餐售价的区别，从而引导消费者购买套餐。

在发售产品的时候，门店也要有对应的发售策略，不要直接给消费者推送高客单产品，先从低客单产品入手让消费者养成付钱的习惯。当消费者养成付钱的习惯后，再逐步给他推送高客单价的产品。在社群中推出周期性的爆款活动，有两个关键点：一个是周期性，另一个是爆款。

所谓周期性，就是当消费者进入社群时，门店就应该告诉消费者社群中有哪些活动，哪些活动具有周期性，多久是一个周期。例如每周三有会员日、每周末有优惠活动、每个月的 6 号有对应的活动等。

很多商家误认为爆款是价格很便宜的产品，其实不然。商家可以通过 3 种方式来打造爆款产品，如图 6-8 所示。

图 6-8　分销、秒杀、拼团

价格远低于消费者心理预期的商品很容易成为爆款，例如原价 99 元或者 199 元的商品在社群中仅卖 9.9 元。这种超级性价比的爆款一般用于引流，将线上的流量引导到线下去二次复购，所以低价爆款一定要设计后续的增购套餐。如果门店只是用一款超级低价的产品把消费者吸引过来，但不设计二次引流和二次增购的业务包，那么爆款产品活动就只会使商家亏本，而没有太多实际意义。除了低价爆款外，还有一种爆款是超出消费者预期的惊喜产品。例如新品发售时，只有一定特权的消费者才能够享有购买新品的资格，这样的产品也是爆款。

6.5 在自己的线上流量池开店做生意

私域门店的基础搭建好之后,门店私域内部就有了流量循环系统、运营体系和交易体系。笔者希望用通俗易懂的方式讲解如何成体系地搭建私域门店,因此,笔者的讲述重点没有放在如何赚钱上,而是放在如何经营消费者上。如果门店能够做到用心经营消费者,那么赚钱就是水到渠成的事情。本节将搭建门店私域的逻辑进行简单的总结。

1 先汇聚流量

有流量的地方才有生意,无论是在线下开一个人气旺铺,还是在淘宝上有一个黄金曝光位,只要流量是别人的,商家都需要为这个位置付出成本。

而商家在经营的过程中把流量留存在自己的私域中后,这些流量归属权就在商家手中,无须给这些流量付费。开一个0租金的私域门店,首先要把线下门店的流量、在平台花钱获得的流量留存起来,然后再通过数字化的手段对这些流量进行管理和运营。门店要把流量主权掌握在自己手中,除了线下门店外,在线上也要直接跟消费者建立连接,通过直连渠道洞察消费者需求,与消费者玩在一起。而召回自己的老顾客也不用再给第三方平台重复付费,这样就降低了门店对第三方流量平台的依赖,如图6-9所示。

图6-9 直接跟消费者建立连接

2 有线上私域流量,才有线上的生意

门店要积极拥抱新的技术,用适合门店运营场景的工具来实现运营自动化、

智能化，在线上经营自己的消费者。连锁门店更要积极地运用企业微信来提升自动化运营能力，例如添加好友不需要手动操作、设置进群自动回复、设置群内黑名单减少"广告党"等，使门店在运营私域流量的时候可以减少工作量，实现效率最大化，用自动化能力实现 24 小时自动卖货，如图 6-10 所示。

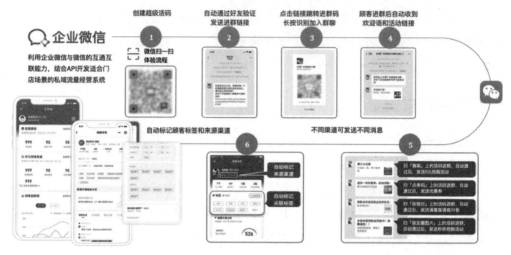

图 6-10　自动化能力

在经营消费者时，门店要善于分组。例如把看过新品发布文章的消费者建立一个分组，把砍价链接分享次数较多的消费者建立一个分组，在经营的时候可以对他们进行精准营销，如图 6-11 所示。

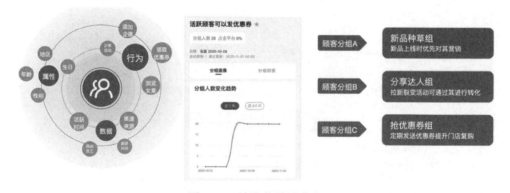

图 6-11　精准营销消费者

3 把口碑传播数字化

门店可以通过使用工具让私域流量池里的存量消费者高效地在互联网上传播

品牌、商品、活动。在移动互联网高度渗透的今天，大多数人都有手机，都在别人的微信好友列表里，因此门店必须具有社交传播裂变的能力，让口碑传播变成一个可以跟踪效果、有数据呈现的数字化过程，如图6-12所示。

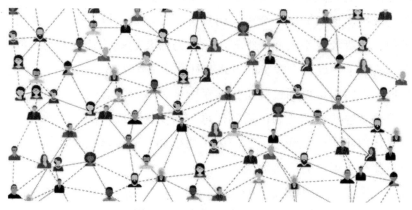

图6-12　通过工具加速传播

4 让每一次交易都带着"情绪"

在私域中做交易，一定要思考如何营造氛围、设计场景。社区拼团除了价格优惠和方便外，社群中抢购的氛围也是提升交易额的重要元素。门店要把每一次线上交易变成一次互动。互动的形式既可以是群内拼团、秒杀，也可以是会员日砍价，还可以是让好友一起分销。门店可以把各种交易场景拆解成一个又一个的互动活动，在社群中通过营造氛围感给消费者提供正面的情绪价值，让消费者在活跃的氛围中成交，如图6-13所示。

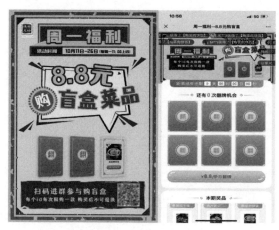

图6-13　互动型的交易

小　　结

就像现在人们大概率不会经常去逛传统的百货商店一样，门店在群里发一个商品的购买链接，也大概率不会引发消费者的讨论和疯抢。有时候甚至门店打了很大的折扣，消费者也不买账。很多门店以为只要把商品链接发到社群中，消费者就会自动购买了。这种人找货的方式在社群中逐渐失效。

在社群中，门店可以通过制造抢购氛围来刺激消费者购买，还可以通过买家秀来增强消费者的购买信心。门店要把每一次发售变成一次互动活动，通过互动营销的方式让门店实现业绩增长。门店还要结合一些传播裂变工具实现货找人，让每次交易都具有正面的情绪价值。

本章给大家梳理了互动交易的模型。构建以人为中心的交易体系，要求门店要考虑消费者的需求，实现从"你想卖什么"到"找到谁想要"的思维转变。

私域门店要做到"从群众中来，到群众中去"，主动发现消费新场景，然后去满足消费者的需求，提高消费者黏性与忠诚度。

在社群中做预售，门店要把非标准化的产品和服务组合标准的套餐券，在社群中打造交易闭环，再结合企业微信等自动化提效工具，私域门店的基础建设就基本完成了。

第 7 章
公私域互通带来巨大商机

门店在构建好自己的私域流量体系、开好私域门店后,也不能错过公域流量的红利。通过花钱投放或者合作,不断地使品牌获得新的流量和消费者也是门店运营私域流量时不可忽视的重要工作。公域和私域并不是敌对关系,而是互相补充、互相推动增长的伙伴关系。公私域互通能够为门店带来巨大商机。

7.1 用好抖音、快手的流量红利

近两年大家讨论最多、最大的流量机会非短视频莫属。短视频的两个先行者是快手和抖音。抖音的快速发展让我们见证了流量红利的威力,在抖音上有无数的玩家在"挖金"。门店不能放过任何可用的公域流量,而抖音是极好的获客入口。但是抖音的算法让很多门店望而却步,于是很多第三方服务商都通过给门店提供服务获利。

例如最早期的"爆店码"技术,让到店的消费者用抖音扫个码就能够自动发一条短视频并获得一张优惠券;再到后来的挂载门店 POI(兴趣点)地理位置的小程序团购,一些探店博主将门店的套餐上架到小程序上,然后发表视频的时候关联商家的地理位置,消费者刷到视频时就可以看到门店的套餐,然后产生交易。

因为抖音的算法实在太过复杂,很多商品即使有着很高的销量,商家也不知道原因,所以也就无法复制爆品模式。因此,抖音又推出了服务商模式,用更加规范和官方的方式去服务同城门店。门店运营抖音的目的主要有如下几个。

1 品牌曝光阵地

抖音能用算法适配品牌调性,为门店找到目标消费者,放大品牌的势能。有大量的品牌在抖音上火起来,所以新品牌喜欢在抖音上做品牌传播。抖音传播没有边界，想象空间足够广阔。但门店也要准备足够的预算，因为用内容来进行品牌传播所需要投入的成本是巨大的。

2 招商加盟主入口

鉴于短视频的特殊性，内容更能展现品牌的特点，能够给予消费者强感官刺激，而短视频高互动性的特征也更容易使门店和消费者构建信任关系。将内容做好编排设计，会让品牌更有说服力，因此很多品牌用抖音来招商加盟，不断地用各种形式来展现品牌魅力。无论是美女老板在店里亲自做菜，还是视频中火爆的排队画面，抑或是老板坐在屏幕前跟消费者分享他的创业故事，其背后都有同一个目的：吸引加盟商。

3 用同城流量卖产品

零售电商平台对短视频这一红利风口的敏感度更高，因此它们很早就利用短视频的流量售卖产品。而线下门店往往后知后觉一些，这几年才陆陆续续地在抖音上卖货。同城流量就是为线下门店专门准备的"大餐"，无论是门店自己拍视频及POI挂载团购套餐，还是跟同城的探店达人合作，线下门店在抖音上卖套餐的疯狂程度，一点都不比早期"千团大战"的时候弱。为了享受抖音的流量红利，获得抖音的流量推荐，商家不断地降低底价，很多商家推出的套餐没有最便宜，只有更便宜。线下门店不做抖音团购没人气，做了抖音团购没利润，但线下门店又不得不依靠抖音丰富的流量让门店现金流流动起来，因此很多商家陷入两难境地。

门店要确保工具或者流量都是为己所用。门店要在新的流量平台里面抢夺市场，就一定要研究平台规则，寻找适合自己的"打法"。"直播+短视频"是一个验证可行的流量组合，门店要用好这一流量组合，使内容既具传播力又具销售力。

例如奈雪的茶在6周年时在抖音开展了专场营销。除了推广茶饮和软欧包外，奈雪的茶更是推出了充100元得150元生日季限定心意卡。在为期3天的活动中，奈雪的茶抖音官方企业号直播销售额超3 200万元，总曝光近1 500万次，直播场观近600万，收获新增粉丝16万，"奈雪生日季"相关热点话题视频播放量超2.2亿。由此可见，门店在抖音开展营销时，不仅要寻找达人进行合作推广，还需自身发力，调动多方面资源与组织能力，这样才能经营好抖音阵地，实现长效且稳定的增长。

奈雪的茶提前用内容培养算法推荐逻辑，获得更加适配奈雪的茶的人群的关注。在直播前几天，奈雪的茶发布了十几条短视频，为此次周年庆的活动预热，并在直播前、直播过程中通过 Feeds Live、DOU+ 等方式提升短视频的热度，吸引消费者关注的同时也提升了直播间人气。在预热短视频内容方面，奈雪的茶创作了"6 周年 666""'打工人'要犒劳自己，享受美好生活"等多个话题的视频。在利用抖音做营销推广时，用正确的方式来培养算法推荐逻辑十分重要，这直接决定了获客的精准度。

奈雪的茶在营销推广的过程中从多个方面发力，持续获得获客高潮。在直播过程中，奈雪的茶不仅设置了送福利等多个互动环节，还在高峰期进行直播间"加热"，选择目标人群进行精准投放，提高直播间转化率。除了自己的抖音企业号发力外，奈雪的茶还邀请了很多抖音达人助阵，联合 15 位头部达人同期直播，还有百余位达人发布相关视频 1 万多条。

做好基建是打造网红品牌的第一步。奈雪的茶大部分门店已在抖音平台认领 POI，售卖优惠套餐和产品。部分门店抖音 POI 页面下的视频的评价近百条，热门话题也在持续引爆品牌声量。整个活动期间，"奈雪"在抖音平台的相关搜索量激增 26 倍，其中非广东区域的用户主动搜索"奈雪"关键词的占比为 70%，此次活动扩大了奈雪的茶在全国范围内的覆盖率和影响力。"奈雪 6 周年生日快乐"话题视频播放量超 1 亿，"只有奶茶可以治愈 emo（郁闷、负面情绪）"从策划到上线只用了 1 天时间，播放量达 6 055 万。在火热氛围带动下，这些热点话题吸引众多达人和用户投稿，也让奈雪的茶在武汉、厦门、杭州等地冲上"抖音吃喝玩乐本地榜"榜首。

除了奈雪的茶这种全维度的运作力外，在资源和资金有限的情况下，有的品牌用广告投流的方式，通过跳转落地页引导消费者加品牌的微信，然后再用企业微信的自动回复功能给消费者推送优惠商品，如图 7-1 所示。这样的转化路径虽然长，但是消费者从流量变成留量，转化率也得到了提升。有的品牌将这个流程的 ROI（投资回报率）做到了 40∶1，即投入 1 万元广告费，获得 40 万元的销售额。

为什么有的品牌在抖音投放信息流广告不直接卖套餐，而是让消费者先加微信呢？这其实是品牌在进行推广实操之后得出的一些经验总结，有的品牌在抖音投放广告的目的是测算 ROI。假设品牌投放广告花费了 1 万元，带来了 5 万元的销量，那么 ROI 就是 5，而投入 1 万元赚取 5 万元的投入产出比相当不错。

图 7-1　外部广告跳转私域路径

零售门店可以用无限的流量进行无限的卖货，但是有的门店无法做到无限地卖货，如按摩店、餐饮门店、口腔医院等。这些门店都是重度围绕门店的地理位置以及店内的承载能力来为消费者提供服务的，因此对于这些门店来说，要实现销量的增长就要用有限的流量引发无限的复购。

同时，在抖音这样的流量平台，门店刺激消费者购买的一个很重要的因素是价格。如果一个消费者只购买一次产品，门店所能获得的利润是很微薄的。只有消费者多次复购或者客单价提高，门店才有利可图。所以门店要用抖音投放广告，让算法筛选门店附近的消费者，在消费者加了门店微信之后自动给消费者推送优惠套餐，同时再附加一个二次消费的优惠券提升消费者复购的可能性。门店要学会利用私域流量运营的"长尾效应"提升复购的概率来对冲不赚钱的爆款引流套餐所耗费的成本。

7.2　小红书"种草"，打造网红品牌

小红书平台拥有近 2 亿的用户，其中 90% 以上的用户为一、二线城市消费能力较强的女性。作为年轻人分享生活方式的平台和消费决策的入口，小红书目前已拥有超 2 亿月活及 4 300 万创作者，对于颜值高、有"打卡"卖点的门店来说，小红书是必选的营销阵地。

众多年轻消费者在小红书寻找消费目的地。消费者通过小红书 App 搜索想要

获得的经验心得，品牌则希望能影响消费者决策。曾经有一位营销专家说过："如果想让你的品牌在年轻人心中迅速建立印象，先在小红书上发 2 万篇笔记。"在小红书上找素人发笔记的价格是一篇 50～100 元，虽然 2 万篇笔记的营销成本恐怕不是普通门店能够承担的，但找 100～200 个本地的达人做好物分享，带来的流量也是很可观的。而且不论达人推广的效果如何，最起码消费者可以在小红书上搜到与品牌有关的内容。2021 年，小红书开始上线与本地生活相关的功能，包括增加门店 POI、酒店、民宿预订等，这更像一个新型的大众点评，方便消费者寻找信息。

1 看上去有卖点又真实的笔记

在小红书做营销，不用过于关注账号有多少粉丝。粉丝数量对小红书内容分发结果的影响不是最重要的，内容的质量决定其能够被多少人看到。而在内容大爆炸时代，大部分人都会产出内容，然而只有一篇真诚、真实、快速让消费者判断出内容可信的笔记才能真正发挥作用。所以门店在找达人合作的时候，可以重点观察他的笔记的收藏、转发量。门店也可以找所在城市的素人合作，只要他们的内容足够优质，品牌的曝光量也不会差，如图 7-2 所示。

图 7-2　小红书内容

2 命中搜索关键词，被更多消费者搜到

很多人都有这样的经历：周末的时候不知道该干什么，于是掏出手机打开小红书搜索一下，看一下笔记中的图片和评价，以确定有哪些地方值得去，如图7-3所示。大家都想要感受生活的美好，因此小红书成为众多年轻人外出消费的指南。商家在设计笔记内容的时候就要思考：消费者在小红书搜索哪些关键词的时候，"我"的门店的关键词能够让"我"的笔记排在前面？这一问题非常关键。

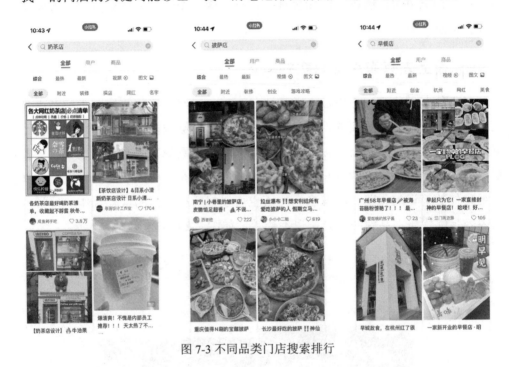

图 7-3 不同品类门店搜索排行

7.3 视频号，不可小觑的流量新势力

视频号可能是未来最值得期待、最值得大力投入的流量阵地。用微信和企业微信来运营私域流量是大家公认的转化率最高的方式，但无论是从抖音把消费者导入微信，还是从淘宝等渠道将消费者导入微信，都是一件极其困难而且成本很高的事情，甚至还可能会受到其他平台的限制和惩罚。例如某商家在某短视频平台直播时，让直播间的观众加微信，话还没有说完就被提示违规并封掉直播间。从其他平台把用户吸引到微信的成本太高，但随着视频号的出现以及视频号的基

建功能越来越完善，视频号正在成为一个超大的流量"广场"，并且能够完美地与微信生态联动。

随着一场又一场的明星演唱会在朋友圈刷屏，视频号正在慢慢地崛起。视频号的日活已经到了一个令人难以置信的量级，虽然在商业化上相对克制，但无论是腾讯的财报，还是公众号的角色弱化，都能看出腾讯对视频号寄予厚望。

商家最好提前布局视频号，因为这里有巨大的流量。微信官方也采取了刺激商家运营私域流量的措施：商家每引导一个私域流量进入直播间，平台将至少激励一个公域流量给商家，高峰时段另行计算。例如2022年1月7日正式公开的"视频号直播–商家激励计划"，通过视频号直播选择"购物"类目，开播并挂购物车的主播或商家，只要在直播时从社群、朋友圈等渠道导入观众数大于或等于50人即可参与活动，获得视频号平台的激励。这对无数运营私域的门店来说，绝对是一个利好消息。要享受视频号的红利，门店就要立刻行动起来。在利用视频号运营门店私域流量时，门店要注意以下4点。

1 完善更适配视频号的交易小程序

这是一个重要的基建，门店可通过此工具直接将商品上架到视频号直播间，交易行为数据则留在商家小程序内。这个小程序既需要跟直播间实现无缝衔接，又要能够与社群无缝衔接。例如当视频号出现的时候，咚咚来客的产品研发团队就提前规划了适合门店使用的小程序。相比已有的商城小程序，如餐饮行业的点餐小程序、零售行业的零售小程序，这种私域流量解决方案能够满足新的流量结构对新的基础设施的需求。

2 常态化运营自己的视频号直播间

在视频号当下的逻辑里，直播是串联起公域和私域的重要桥梁。基于直播这一高效的提高转化率的形式，门店可以获得视频号的公域流量，扩大私域流量规模。门店在开展直播时可以采取多种形式。例如无交流的店内自播，常见于茶饮、咖啡等装修较为精美的门店，门店在出餐台架起一部手机，在全天的营业时间里，将店内店员忙碌的过程无保留地播出，然后挂上商品购买链接。还有以售卖爆款为主要目的的主播式直播，这种直播形式比较考验主播的能力。其实这种形式是另一种形式的电视购物，主播需要在直播间调动氛围，主播的一切行为也都围绕卖货这一主题展开。

3 私域流量是视频号的好搭档

如果门店已经让消费者加微信或者进群，那么在用视频号直播时就会受益。门店通过自己私域的流量"冷启动"直播间，撬动平台流量，这样既能提升交易规模，又能将更多的公域流量沉淀到自己的私域中。

4 不要舍不得花钱

视频号上线了流量投放服务，当大部分门店还在抖音上"苦战"的时候，视频号中的门店就可以利用流量投放服务实现反超。视频号中的门店要规划好短视频或者直播的内容，大胆地花钱投放广告，使自己的门店快速获得很高的曝光量。在视频号做流量投放，既可以使门店获得曝光，还能使门店光明正大地往自己的私域流量池导入流量，而且门店越早进行流量投放，性价比越高。

从品牌的角度来看，过去10年里，无论是新品牌还是老品牌，都或多或少地在微信生态里建立了自己的品牌阵地，如公众号、小程序以及依托企业微信创建的私域社群。而视频号与其他直播平台最大的差异，就是它可以更高效地促进公私域的联动。视频号创作者沉淀的私域流量，将成为他们可持续经营的长期资产。

在"2022微信公开课PRO"上，微信视频号相关负责人表示，在微信的产品体系里，视频号要做的是成为最原子化的内容组件。当它成为最基础的内容组件时，就会与微信内的社群、小程序等产生各种"化学反应"。只要微信依旧是中国最强大的社交工具，微信生态就有无限的商机。同时微信推出的"视频号直播-商家激励计划"是一剂强心针，通过流量激励方式，视频号官方扶持了10万个商家，尤其是在微信生态中有私域、长期运营私域的商家。所以，现在就是商家加入视频号的最好时机。

7.4 用好同城自媒体，精准流量稳定增长

当各商家都在给各大流量平台付广告费买流量的时候，有一个群体常常会被忽略：同城自媒体。在移动互联网的崛起过程中，这群生命力极强的新型媒体充满生机。如果说抖音、微信、美团等平台是商家的流量"主动脉"，那么这些同城自媒体就是"毛细血管"，他们分布在全国各个地方，上自城市，下至街道，如图7-4所示。

第7章 公私域互通带来巨大商机

图 7-4　城市自媒体公众号

同城自媒体在时代发展中扮演着积极和重要的角色。从最早的 QQ 群，到城市门户论坛，再到微信公众号、抖音达人，他们在自己生活的地方积累流量，为同城的消费者生产内容。同城自媒体的盈利模式也从最早期的收取曝光的广告费，变成现在的收取"曝光 + 效果"的费用。他们拥有本地最精准的流量，当商家开新店、开展爆款推广活动时，同城自媒体就是最好的流量服务商，如图 7-5 所示。

图 7-5　城市自媒体小程序商城

同城自媒体还有一个特点：他们不仅有自己的流量，还有极其强大的策划和运营能力。同城自媒体的团队人数基本是 10～50 人，团队内部的分工很明确，一个同城自媒体团队中要有会写文案的编辑、拍照的摄影师、剪视频的剪辑师、会选爆品的选品专员、懂用户的运营、有创意的策划等。在创办咚咚来客之前，笔者也曾在这个行业里深耕了近 10 年之久，算是享受到微信公众号红利的第一批创业者。下面是几点关于和同城自媒体合作的注意事项。

（1）同城自媒体是商家的最强外脑，商家需要开新店、推新品时就找他们。但凡在一个城市里做 3 年以上还能存活的自媒体，都经过了市场和用户的双重考验。这样的公司从老板到员工，都有极强的策划和资源整合能力，对于商家想在开新店时玩出花样，实现抖音、小红书、社群流量的整合，开展线下活动等需求，他们都可以很好地满足。

（2）不要只看流量，他们是门店的新流量服务商。除了他们自己拥有本地精准流量外，城市自媒体这个群体是对流量最敏感、最先尝鲜的一群人，他们深谙如何在微信朋友圈做活动不会被封、如何在抖音直播不会被限流。如果商家也想玩转这些新流量，他们可以成为很好的服务商，商家只需要付钱，就可以把同城自媒体总结出来的宝贵经验运用到自己的流量运营中，从而可以少走弯路。

（3）他们最懂如何跟消费者玩在一起。因为同城自媒体的流量都来自他们对内容的精耕细作以及对同城消费者的用心运营，因此他们十分懂得消费者的喜好和品位，并擅长针对消费者投其所好。同时，由于其自带传播属性的媒体角色，更容易整合资源，所以，商家要主动寻求同城自媒体的帮助，撬动同城的流量资源，实现门店私域流量的大幅增长。

7.5 设计留存路径，使来的每一个流量都变成自己的

流量在手，生意不愁。除了前面所列举的公域流量来源，还有一些其他的来源，例如电梯广告、传单、公交车广告、小区业主群等。只要流量对门店有帮助、性价比高，门店就应该想尽一切办法将流量留存并为己所用。但是在对接外部流量的时候，门店一定要记住一个基本原则：百川入海。即所有的流量入口都要设计回流的策略，最后使流量都进入门店的私域流量池中。

运营企业微信、朋友圈、公众号、小程序、视频号等渠道的私域流量的实践经验告诉我们，用企业微信搭建私域流量池的效率最高。消费者通过扫码添加商家为好友或者进入门店的私域社群，然后门店给消费者私发或者在群里推送公众号、视频号、小程序的卡片以及活动内容。所以，所有的外部流量来源都最好先用一个入口来承接，如企业微信二维码（如果有明确的转化目的，建议用小程序作为主入口，企业微信作为第二入口）。下面以添加微信好友为例，具体讲述流量的留存路径。

（1）给每个渠道生成一个带参数的二维码。例如用咚咚来客的相关功能给每个渠道生成一个带参数的活码，给加门店好友的消费者自动打上来源标签。无论消费者来自电梯广告渠道，还是来自公众号渠道，抑或是吃饭时扫桌子上的二维码加入进来的，咚咚来客系统都能自动识别和标记好流量来源渠道。这样便于门店在之后进行流量投放的时候更有针对性，从而降低投放成本。

（2）为每个渠道设计不同的欢迎语。既然可以识别流量的不同来源，那么门店就可以针对不同渠道的特点，设计更有针对性的欢迎语。这样既可以增加与渠道合作的友好度，又可以快速与消费者拉近距离，提升消费者的信任感。例如通过电梯广告扫码加进来的好友，系统会自动给他发送一段话："没想到会在A商场的2号电梯与您相遇，我的店在商场5楼，来的时候报暗号'1+1=3'，有我为你准备的店长好友专属福利。"这样的一段文案，有趣又有人情味，还能激发起消费者发朋友圈的兴趣，提升二次传播的可能性。

（3）用运营策略筛选消费者。消费者通过不同的渠道加了门店的微信好友只是开始，门店还要基于自己的实际情况设计一套运营体系。如果门店有专人运营私域流量，那么门店可以尽可能地让运营节奏紧凑一些。但如果门店缺少人手，没有专门的人员运营私域流量，那么运营体系的设计就要尽可能简单一些，以免增加门店的运营压力。

设计运营策略的主要目的是筛选消费者。一家门店无法给所有人提供服务，私域流量的运营也一样，不是所有人都会留在私域里。商家要对消费者删除好友或者退群的行为保持平常心。门店运营私域流量的目的是用心经营黏性高的忠实消费者，所以在设计运营策略的时候，门店不能抱有"收割"的心态，而是秉持利他的原则，不断壮大的铁杆粉丝群体是推动门店持续发展的核心力量。

（4）用私域流量池反哺公域，获得公域平台权重。将公域的流量导入私域流量池后，门店千万不要以为公域平台的作用已经发挥到极致了。大众点评、淘宝等这样的公域平台依旧掌握着巨大的流量和资源，门店依旧需要公域平台的流量。一个餐馆能够在大众点评上获得 5 星好评，一个淘宝店有更多买家晒买家秀等，都会被平台提升权重，而权重的提升会使商家获得更多流量，从而带来更多订单。

市面上有专门做售后服务优化的公司，但是收费高昂。所以当门店有了自己的私域流量池之后，"吃水"的同时也不要忘了反哺水源，例如在社群中邀请粉丝分享买家秀、给好评等，都可以帮助门店在平台上获得一定的好处，而且，还可以省下第三方优化的服务费用。

在资金有限的情况下，门店该把钱用于拉新还是复购呢？拉新可以让门店成长得更快，但复购可以让门店存活得更久。这两者门店都需要，也都对门店很重要。门店千万不要只关注拉新而不在意复购，很多昙花一现的"网红店"就是这么消失的。有的商家认为，"我"只要做好产品，做好服务，自然就会有复购。为什么还要做这些线上运营的事情？这个观念是错误的。

产品和服务是门店一定要做好的，是门店的本分。但随着市场经济的发展和消费者物质生活水平的提高，所有门店的产品和服务都会越来越好。俗话说"酒香不怕巷子深"，但现在"好酒"越来越多。在这种情况下，门店需要主动跟消费者建立联系，主动影响消费者，而构建自己的线上运营体系就是门店必须要做的事情。那么在预算有限的情况下，门店应该怎么做拉新和复购呢？

门店一定要明确：拉新和复购是同时存在的，而且最好是系统性地提前搭建好相应的体系。一般我们可以运用"二八定律"：新开业的门店，8 成资源投入拉新，2 成资源投入复购承接；步入稳定运营阶段后，8 成资源投入复购，2 成资源用于拉新。拉新是单点突破，要快速有效。复购是日常运营，要持续不断。运用这样的拉新和复购策略，门店就可以实现从"网红店"到"长红店"的转变。

小　结

本章帮门店罗列了一些有效的新流量阵地，并简单地为读者分析了几类新流量阵地的区别和特点。

（1）抖音是当下的新流量高地，而微信生态的视频号也值得期待。

（2）新的流量风口变幻莫测，大多门店无法及时地跟上潮流。门店不要追逐流量,要学会将流量为己所用,不要成为流量的"奴隶"。专业的事情要找专业人士去做,比如找探店达人,找本地的自媒体服务团队,花小钱办大事。

(3)一定要设计好流量留存体系,把花钱买来的新流量用私域流量体系承接和留存,形成良性的流量循环。门店永远需要新顾客,所以去公域流量拉新是门店获得发展的必经之路。每个门店都需要预留出营销预算,大胆地去公域平台抢夺新流量。

私域流量运营需要持之以恒地坚持,需要长时间地积累。私域流量是门店留存的流量,如果门店没有流量,那就根本谈不上留存。正如理财产品是帮助有钱的人理财一样,没有钱的人无须理财,而是应该抓紧时间去赚钱、积累财富。所以,门店生意好,客流量大,就更应该运营好自己的私域流量,因为私域流量可以留存老顾客,让老顾客产生更多复购。门店可以把消费者留存起来,但门店不一定要在私域开展优惠、打折、促销活动,门店可以在私域传播品牌文化、核心价值观、开展新品调研等。

第三篇
私域复购心法助力门店落地

没有复购的生意不可持续，没有复购的门店无法长久地发展下去。运营私域最重要的目的是把线下的、别人的消费者留存到自己线上的私域流量池中，通过数字化运营来实现持续复购。不能带来复购的私域运营体系是没有价值的，因此门店要搭建科学的私域复购体系，少走弯路。

第 8 章
磨刀不误砍柴工，私域基础先打牢

从本质上来说，门店的私域运营体系是新一代会员系统，能够通过数字化手段管理、洞察、影响消费者决策。从选好位置，到做好视觉设计，再到坚持"产品主义"，门店要在做好这 3 件事的基础上运营私域流量。私域流量就是帮助门店用科学的运营体系把会员运营这件事从成本中心转变为利润中心。

门店运营私域流量的核心目的是促进复购，即将老顾客留存到私域以后，通过一系列运营措施将老顾客激活，带来更多的复购。既然要通过运营私域流量带来更多的复购，那么门店应该如何用更有逻辑性的思考和更结构性的知识体系将这件事情落地呢？

结合做用户运营和门店营销近 10 年的经验，笔者总结出门店私域流量复购 7 要素，本章将会给大家分享其中 6 个。这 7 个要素中的前 6 个要素都是以运营消费者为主，第 7 个要素与内部的组织力有关，与消费者无关，所以把它单独拆解。同时门店也要注意，私域流量池的搭建是一项需要长期执行、持续积累的工作，并非一蹴而就的。

8.1 拆解用户触点，构建私域流量池

要运营好私域流量，门店首先就要构建属于自己的流量池。因为复购的前提是拥有属于自己的流量池，没有存量消费者，复购也就无从谈起，拥有自己的流量池是开展复购的基础。我们常说"消费者在手，生意不愁"，所有门店都要深刻地记住一句话："一定要把流量变留量。"门店要尽力把每一位消费者留存下来，并给每一位加门店微信的消费者打上标签，这个标签就是给消费者发放的"数字身份证"，从而实现消费者关系数字化。

门店要用更高效的企业微信来构建自己的私域流量池，把所有的消费者都

导入门店的企业微信。门店要把和消费者的关系从原来的"进店靠缘分，离店就失联"的弱关系变成可以高频互动、持续影响的强关系。在构建自己的流量池时，门店要对能够与消费者接触的全部渠道进行盘点。无论是线上的公众号、小程序、自媒体的广告，还是线下渠道中门店的展位、餐桌、收银台、外卖礼券卡、电梯广告等，所有渠道中可以和消费者发生连接与触达的地方，门店都要仔细地盘点。

做完了渠道盘点还不够，门店还要在所有渠道附上带参数的二维码。通过这些二维码，门店可以实现自动地根据消费者的来源给消费者打上一个渠道标签。通过这些带参数的二维码，每一个扫码进入门店私域的消费者都会被系统记录和分类，这样门店不仅能有清晰的统计数据，还可以将所有消费者的来源数字化地记录下来。通过数据对比，门店就知道哪一个渠道获客效果好，哪一个渠道获客效果一般。

例如某家门店的社群中有 100 个来源于 A 渠道的消费者，10 个来源于 B 渠道的消费者。门店就可以对比分析这两个渠道的差异是什么，什么原因导致了渠道的数据差异。再如一家烘焙门店的周边有 5 个小区，那么哪一个小区才是门店应该重点服务的？门店可以利用一些海报物料去展开测试，用数据来对比到底哪一个小区的消费者对门店的产品更加感兴趣。哪一个小区给门店带来的消费者数量更多、质量更高，门店就应加大力度花费更多时间、精力、资源去服务这个小区。

扫码点餐是消费者到店之后最有效的一个触点。咚咚来客中也设计了导客单页的功能，可以实现让每一个到店的消费者在点餐的时候先添加门店的微信好友，然后自动接收到点餐入口，这样就可以快速把到店的消费者引到线上私域中，如图 8-1 所示。

图 8-1　用线下扫码点餐入口获取私域流量

8.2　高效精准触达，让你的"美"被消费者知道

以前门店让进店的消费者留下手机号码，逢年过节给消费者发短信，后来门店让消费者关注公众号，现在门店让消费者加微信，门店的这些行为都是为了能够高效精准地触达消费者。如今，互联网时代的信息纷繁复杂，消费者对海量信息产生了阅读疲劳，因此门店要用更高效的手段把信息传递给消费者，让信息能在消费者脑海中留存更长时间。

如今，人人都离不开手机，微信已经成为几乎可以替代短信的沟通工具了。门店添加消费者的微信后，就可以通过一对一、群发、发朋友圈等强触达手段更精准地触达消费者并与他们互动，用更丰富的形式把信息和活动传递给消费者。私域社群让门店拥有了随时随地可以免费与消费者互动的渠道，让门店提高了高频跟消费者连接和互动的能力。在做触达的时候，门店需要根据标签和数据去筛选目标消费者，定向、精准地推送内容，减少对消费者的骚扰，做相对精准的营销。

在这个过程中，门店必然需要工具来提升运营效率，减少时间和人力的投入。咚咚来客的智能标签功能可以自动根据运营规则更新用户标签，智能建立用户画像，提升筛选目标用户的效率。当门店做推送的时候，就可以根据这些智能标签快速筛选出符合条件的消费者，定向给消费者发消息通知他们参加活动。所以人群的筛选是门店在做触达的时候很重要的一个前置条件。在运营社群的过程中和消费者进行双向互动是一个非常重要的"润滑剂"，是门店在社群中与消费者建立信任关系的一个非常重要的操作。

下面以某连锁火锅店为例进行具体讲述。此前，该火锅店尝试了各种各样的营销方式来进行推广，例如在商圈铺设地广、使用揽客人偶分发传单、在线上进行广告营销等，但是高额的广告费投入并没有换来良好的营销效果。

后来该火锅店开始构建私域流量池，在线下门店中集中资源留存消费者，通过添加消费者微信的方式，两个多月积累了2万多的私域消费者。

针对该火锅店的具体情况，咚咚来客团队建议该店在开展广告营销时，优先在私域流量池中激活老顾客。根据不同消费者的位置来做筛选，再做精准的推送触达。例如A小区的门店就只针对A小区的消费者推送优惠券，给这个区域的

消费者群发一条信息:"老铁,今晚吃火锅,你来就8折,点击领券,7天有效。"

在火锅店发送这条消息的第一天晚上就有了明显的效果,火锅店一半的上座率来自老顾客。该火锅店一分钱广告费都没有花,取得了比之前花几万元打广告还要好的效果。这就是通过数字化运营的手段来触达消费者的作用。

8.3　互动建立信任场,构建良好信任关系

信任是门店与消费者关系的深化,是品牌裂变的加速器,也是门店运营私域流量的一个很重要的目的。门店都希望跟消费者建立更深层次的互动和信任关系,然后带来更多的交易和复购。

所以信任是门店构建私域流量池时很重要的一个考量,门店可以通过服务和互动性的活动来提高消费者互动的频率和对门店的信任感。信任感最简单的培养方法就是及时地回应与服务,门店要做到消费者有需求的时候,门店刚好在,刚好可以满足消费者的需求。

商家要寻找忠诚度最高的 1 000 个铁杆粉丝,而持续地互动和有参与感的活动是有效提高消费者信任感的法宝。例如,沪上阿姨在社群中开展"投票选出你心中最爱的新品"的活动,凡是投票的人都可以参与幸运大转盘抽奖,而且中奖的概率是100%。如果消费者中奖了,页面就会自动跳转到点餐小程序,消费者就可以领取优惠券并下单,如图 8-2 所示。

图 8-2　消费者领奖在小程序下单

再如像渔乡米坊用这一两年特别火的盲盒在社群中提前锁客，吸引消费者到店。最终消费者支付的转化率达到35%，社群交易额近万元，如图8-3所示。

图8-3 消费者参加活动下单

卡朋西餐也开展了非常多的互动玩法，用智能表单结合抽奖的方式来收集消费者反馈并自动建立消费者档案，再通过关联抽奖活动，为参与的消费者发放优惠券促成复购，如图8-4所示。

图8-4 卡朋西餐智能表单结合抽奖活动

线下活动也是信任感打造的重要一环，因为在线上聊百句不如在线下见一面。门店有独特的地理位置属性，因此门店在私域中和消费者构建信任关系的时候，可以把和消费者的关系从线下转移到线上，和消费者在线上建立连接，再通过线上的互动促进信任关系的建立。

8.4 打造品牌力,品牌是最大的红利

运营私域的起点是打造品牌力。在客流量大幅减少的影响下,消费行业首先面临的焦虑便是流量焦虑,当市场需求不足时,公域流量大幅减少。流量减少导致大量营销手段缺少传播基数的催化,使得门店无力着手改善经营。在这个过程中,仅靠公域流量存活的门店开始显得力不从心,例如曾经在旅游景点、交通枢纽中靠着"点位"存活的旺铺,最先受到重创。

相反,对于"酒香不怕巷子深"的品牌而言,其"生还"概率则相对更大。从流量逻辑来看,这类品牌往往是把流量作为品牌资产保存起来,抢占了消费者的心智,因此消费者会产生复购。由此我们也可以说,私域流量的底层逻辑其实是品牌,品牌是最大的流量池。

很多门店在塑造品牌的时候,很重视诸如门头、菜单、装修、Logo这些看得见、摸得着的有形资产。当私域逐渐成为门店与消费者在线上互动的主要通道时,与门店在线下塑造品牌的逻辑一样,门店在线上也需要设计微信头像,以及消费者进入私域的动线,在动线上让消费者感受到品牌的魅力,获得美好的体验。

品牌是最大的私域流量池,品牌能真正地抢占消费者心智。例如很多人出差时不知道吃什么,看到肯德基、麦当劳等品牌餐饮店,可能就会走进去消费。因为出差的时候,人们对于周边环境是陌生的,也不知道哪家店的食物很美味、哪家店的食物很糟糕,这时品牌力的作用就体现出来了。品牌代表着一定程度的专业性,当消费者不知道选择哪家店去就餐或者不知道什么食物美味的时候,他心中会有一个"声音":麦当劳和肯德基的味道一定是有保障的,选择大品牌至少不会出错。

当有了私域流量池这个能够最高频与消费者互动的"场",门店就要不断地完善私域活动。因为这里是门店做品牌表达的最有力的地方,私域流量池可以强力地反哺门店,所以门店要在这个"场"中通过一系列运营措施让消费者在消费的时候优先选择自己的门店。例如对门店微信私域中的运营人员进行角色设定,设定专门的福利官、活动官、客服助手等。而且门店在设置微信头像、昵称,发布朋友圈时,都要做相应的包装和设计。需要注意的是,微信私域的设计不能太随便也不能太死板,要围绕门店的定位,梳理在私域中传播的文案、呈现的设计、推送的视频、推广的活动等。这些都是需要持续迭代的工作,与门店品牌力的打

造息息相关。

同时，门店要用好重复的力量。门店可以把营销活动设置成一个系列，每周、每月、每季度、每半年、每年都有对应的营销活动可以反复做、持续做。这样就能形成门店的品牌特点，成为门店的品牌营销符号。此外，品牌应该给自己打造一个专属的节日，就像淘宝的"双 11"、京东的"618"一样，一个属于自己的节日能够使门店更有辨识度和独特性。以前商家想要造节、造势可能需要花费很多成本，需要借助很多外部的资源和流量才能完成这件事。现在门店有了自己的私域流量之后，就可以低成本地完成造节营销。

8.5 关注交易转化率，付钱的消费者才是"真爱粉"

私域经营的最终目的是促成交易，门店花很多时间和老顾客互动、留存老顾客，都是能够通过私域流量带来业绩的增长。通过社群的互动活动，门店可以检验消费者对于门店的信任和认可，完成私域运营的闭环，实现增收。例如通过门店在社群中的运营，消费者用钱给门店投票，愿意为门店付费，这时消费者已经从原来的围观群众变成付费消费者了，这说明品牌与消费者的关系进一步深化。

同时，私域中的交易转化有着很多好处，例如，资金可以即时到账获得健康的现金流，不会被平台抽佣导致利润太薄等。门店在一开始经营自己的私域流量时就要清楚，并不是要将所有的消费者都拉进自己的门店私域社群中，不是所有的消费者都需门店重点服务。门店需要的是铁杆粉丝，即愿意给品牌付钱的"真爱粉"。在社群中，秒杀、拼团、分销都是已经验证可行且效果特别好的交易形式。要在社群中实现更高的转化率，关键在于做好选品定价、选好宣发渠道、提高团队的执行力。

例如新沙烧烤在成立 23 周年时，在社群中开展爆款抢购活动，给门店带来了 5 万元的交易额。在社群中开展活动的时候，新沙烧烤采用 1 元秒杀的方式，让消费者花费 1 元就可以获得某个单品，如图 8-5 所示。真实有效的活动使得消费者对门店的信任得以提升，后期门店再推出高客单价的商品，消费者就会出于对门店的信任而乐于埋单。

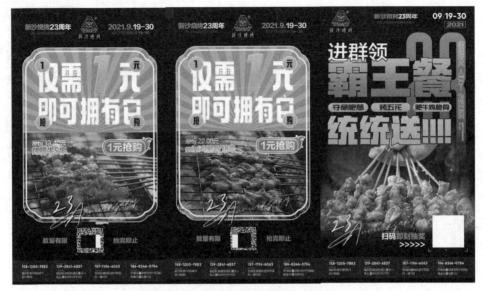

图 8-5　新沙烧烤 23 周年庆秒杀活动

　　味多美在社群中发起新品拼团，针对门店周边小区的消费者推出专属的拼团活动，很多时候活动一推出产品就秒没。因为消费者对味多美的活动都持有这样一种心理：拼团活动价格实惠，而且每天都要买面包，不如就顺便拼团，这个烘焙店又在家门口，买完顺路去领取也很方便。

　　一些毛利、单价比较高的门店，会用分销的方式来裂变。这些门店会针对某些高毛利产品设置分销金，消费者可以参与分销，卖出一单就可以获得现金奖励，这可以极大地刺激消费者自发传播产品。

　　当前，各种平台上的拼团抢购套餐层出不穷，门店到底该怎么操作才能实现健康经营呢？答案是推出爆款。推出爆款的目的是引流到店，门店可以选择在第三方平台上推出爆款，或者在自己的社群中推出爆款。如果在第三方平台推出爆款，最好是针对平台特性设计合适的套餐，让平台的用户有购买的动力。但门店一定要把流量闭环做好，将引流到店的消费者引导进自己的私域流量池中。

　　不是所有的超低价格的商品都是爆款，爆款指的是超出消费者预期的商品。爆款既可以是极低折扣的商品，也可以是新品，甚至可以是有趣的活动。只不过在大多数情况下，极低的价格是最有效地刺激消费者快速作出决策的因素，而且以低价作为诱饵不需要复杂的设计。如果用低价打造爆款，最好挑选能够带来二次交易的产品,如火锅店可以用火锅锅底5折优惠来打造爆款,这样可以带来增购。

一个第三方平台上的爆款有很多,门店的爆款是否能在平台的所有爆款中突出重围、获得最多关注?而且受多方面因素的影响,例如地理位置、消费者偏好等,很多时候门店在第三方平台上推出的爆款没有实现盈利,反而损失了一定成本。在这种情况下,门店该怎么做?

俗话说,公域流量靠抢,私域流量靠养。门店要先思考自己有没有私域流量池,如果没有,门店可以先通过第三方平台引流并将消费者留存,从而打造自己的私域流量池。如果门店已经有了一定的私域流量储备,那么就要在自己的流量池中做周期性的销售活动,并根据交易量来决定是否再找第三方平台引流。例如一款套餐在门店私域社群中的购买率已经达到40%以上,那么门店就可以找第三方平台进一步扩大销售。

8.6 重视老客转介绍,口碑传播数字化

在某种意义上,口碑传播、老客带新客是门店的"最高荣誉"。消费者主动将门店介绍给更多朋友,为门店带来更多消费,是出于对门店的认可。以前门店的口碑传播是靠人的口口相传,但随着技术的发展,一部手机就是一个"人",一个微信账号就是一个"人"。因此门店可以通过活动和技术手段,让消费者在朋友圈、社群中主动为门店做宣传,带来更多新的消费者。

有了一定的私域流量存量基础(单门店有2 000私域消费者后)以及消费者的信任后,门店就可以设计一些老客带新客的裂变活动来触达新顾客,扩大传播范围。门店都希望能够用最低的成本获得更多的消费者,除了投放广告增加客流量外,门店还可以在自己的私域社群中用砍价、分销、拼团等方式来实现传播裂变,获得新顾客。其中砍价活动拉新效果尤其显著,如图8-6所示。

结合新品上市或营销节点,门店可以开展砍价活动,让存量带动增量。在开展砍价活动时,门店可以利用咚咚来客的"砍价0元购"功能,限制门店几千米范围内的消费者方可参与,从而获得更加精准的消费者。

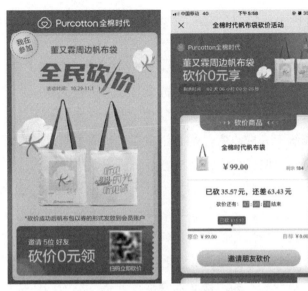

图 8-6　全棉时代的砍价活动

我们团队在服务了近千个品牌后，迭代总结出了 32 字的私域流量运营落地方针：充分沟通达成共识，启动大会内部协同，过程跟踪绑定激励，总结复盘形成规范。结合这 32 字方针，希望门店可以将私域流量运营顺利落地。

小　　结

构建一个科学的私域流量体系，其实就是在搭建门店的新一代互动会员数字化运营体系。本章围绕 6 个要素将新一代互动会员数字化运营体系的逻辑进行拆解，既是对前 7 章的提炼和总结，又给读者提供一个更佳宏观的视角看待私域流量运营，使读者从具体的"术"里抽身出来，掌握举一反三的体系构建能力。

（1）建设数字化的流量池。从让消费者扫码开始，给每一个消费者都打上数字化标签，并随着运营活动的开展，给消费者打上更多标签。

（2）分层强触达。让门店的活动可以精准传达给目标消费者，减少对消费者的骚扰。

（3）互动建立信任。跟消费者玩在一起，让消费者带着参与感与品牌互动，让消费者实现从"路人"到"铁粉"的转变。

（4）打造品牌力。重视品牌的力量，在私域中积极进行品牌表达。

（5）交易转化率。把每一次的交易变成一次互动活动，让商品带着情感价值。

（6）社交裂变。使口碑传播数字化，让存量老顾客裂变更多新顾客。

这6个部分是搭建高复购率的私域流量体系的关键元素。当然，数字化并不是一件多么"高大上"的事情。例如在餐饮行业，消费者扫餐饮店中的自助点餐二维码，就可以在线上完成点餐，而且消费者的点餐数据连通前厅、后厨。这在之前是想都不敢想的，但现在已经是常态了。

数字化是一个趋势，是一个门店发展壮大的基础条件。门店只需要根据自己的实际情况，选择做什么、怎么做。门店要做好私域流量运营，如果门店是一家夫妻店，那么用个人微信添加消费者为好友，也可以满足门店运营私域流量的需求。但如果门店希望实现品牌化、规模化发展，那么就需要用科学的工具去洞察、积累、运营、转化消费者，和消费者建立深度连接，助力门店持续增长。门店对消费者相关数据的积累与运用，能够助力门店实现精细化发展，而运用数字化技术则更能实现门店的生意增长。

第 9 章
组织给力，事半功倍

运营好消费者的前提是门店有良好的运营机制与科学的流程机制，而运营机制与流程机制是否科学合理，则集中体现在门店是否有能力从上至下、有始有终地进行私域流量运营。私域流量运营的组织管理方式分为总部统一运营和门店自治两种。但在目前看来，自上而下的金字塔型管理模式是中国餐饮行业的标配模式。大部分门店都只适合总部集权运营这一方式，很少有门店可以真正做到"让听得到炮声的人做决策"。

金字塔型管理模式的优点是可以快速做到上行下效，活动的统一性会更明显，但缺点是缺乏灵活性和适配性，门店执行容易僵化。相反，如果门店自治运营，则会出现门店活动不统一、运营方针不连贯等问题。采用这种方式的往往是加盟品牌，加盟品牌为加盟商提供统一的工具与指引，但最终的活动开展与运营工作由加盟商自己完成。从整体上看，目前大部分品牌仍只适合让总部统一管理私域，从而让门店强有力地执行。

从"私域流量运营"这一概念被提出来，到成熟落地成为门店的基础设施，这一过程中充满了很多质疑声。因此私域流量运营需要门店的管理者下定决心，幸运的是，私域流量不是虚无缥缈的空中楼阁，已经有众多门店通过运营私域流量取得了不错的成绩，给更多门店起到了很好的示范作用。从最早大家看不懂、不理解，再到尝试跟着做，当前，大部分门店已经开始重视对私域流量的运营。因此门店要抓住时机，调动组织里的每个"细胞"，投入私域流量运营中。

9.1 组织架构的重要性

不得不承认，目前绝大多数公司要么还没开始组建私域运营部门，要么由其他部门兼顾私域流量运营，极少有公司有独立的私域运营部门。即便有的公司有私域运营部门,私域运营部门也是在夹缝中求生存。起步难、见效慢、资源少,是绝大多数新业务共同面临的困境。相关报告显示,63%的公司的私域运营部门只有1~5人,还有10%的公司没有成立私域运营部门,这意味着有73%的公司对私域运营团队的搭建不够重视。

私域流量运营是中小品牌构建自己流量运营体系、在市场中弯道超车的最佳路径。但中小品牌公司人数本来就少,虽然公司的管理者也明白私域流量运营对品牌的发展很重要,但是有心无力,没人可用。因此,现在依旧有很多中小品牌对私域流量运营保持观望的态度。而大品牌虽然实力雄厚、"兵强马壮",却容易陷入"大品牌,小私域"的误区。

在推进私域流量运营落地时,门店一般会遇到以下3个难题。

(1)私域运营人才招聘难。私域流量运营涉及互联网、运营、数字化、营销等多方面知识和经验,对人才综合能力的要求比较高,能够满足需求的私域运营人才非常稀缺。

(2)人才的培养和发展难。私域流量运营在公司内部属于新项目,很多公司都在实践中一边试错一边迭代运营方案,甚至很多公司只是浅尝辄止。公司资源投入不足,更谈不上对私域流量运营有长远的思考。如何培养私域运营人才、这些人才的发展路径是怎样的,对于这些问题,很多公司没有进行过深入的思考,而这直接影响了私域运营人才在公司的稳定性。

(3)跨部门协同难。私域流量运营涉及线上、线下、营销、运营、IT(信息技术)等多个方面,如果不同部门的相关人员不能统一认识,在出现问题时,他们很可能会抱着"事不关己,高高挂起"的态度,这样难以实现跨部门协同,难以在组织内部形成合力,导致事倍功半。

任何一个新的事物出现时,想要改变旧有的结构都很难,正如组织变革就意味着一些部门的"蛋糕"会被切分。但是这并不意味着没有解决方案,在巨大阻力之下,即便私域运营部门只有一个人,也可以通过一些运营策略来实现破局。

首先,私域流量运营需要公司管理者的重视,需要公司管理者坚定不移地贯彻运营战略,管理者是推动私域流量运营战略落地的关键人物。而且公司的管理者要坚信,经营好自己的消费者能够给品牌带来长远的发展。

其次,各部门的领导要了解私域流量运营对品牌发展的作用、对部门开展工作的好处,做好公司的战略承接并落地到位。各部门的领导要在部门内部做好战略宣传,让团队知道私域流量运营的3个好处:自己拥有了私域流量池之后,就有了免费的宣传渠道，推出新品或者开展营销活动时可以省去打广告的费用；在自己的社群中开展交易不用被平台抽佣，没有中间商赚差价，也不用被压款，现金流更健康；可以在社群或者朋友圈主动影响消费者，高频的互动能带来更高的复购率。让公司各相关部门明白私域流量运营的作用及意义，使它们形成统一认知，是门店私域流量运营顺利落地的关键。

私域流量在近年来才崭露头角，大多数品牌的运营团队其实对私域流量的运营依旧有些陌生，甚至有些抗拒。面对新事物的时候，人们会有排斥感，这十分正常。但是门店的管理者和私域运营团队一定要看到私域流量运营所能带来的巨大好处，从根本上制定并贯彻执行私域流量运营策略。私域运营团队中的成员要明确自己的职责和使命，充分发挥组织架构的重要作用，用私域流量运营推动门店更好地发展。

在构建更科学的私域流量运营组织时，端到端的流程型组织更适合私域的组织优化方向。流程型组织的提出者哈默认为，过度分工和事业部制会形成组织部门墙，是降低运营效率和人才主动性的重要原因。通过流程再造打破原有组织的藩篱，推动组织以客户和成果为中心进化才是正确的选择，如图9-1所示。

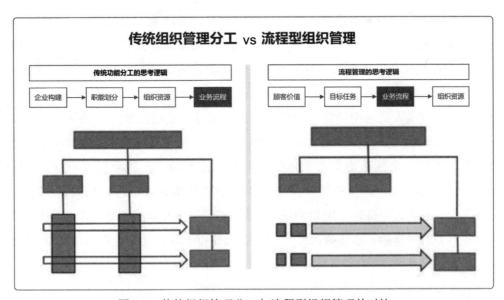

图9-1 传统组织管理分工与流程型组织管理的对比

私域流量运营想要做出成效，门店需要协调多个部门，强化多方面技能。20世纪的工业革命强调分工和流水线作业，但是现在是组织协同时代，综合能力型工作越来越多，因此一个人必须同时具备多种工作技能。而私域运营人员不仅要懂社群运营，还要懂互联网营销、方案策划，还要学会跟采购、IT、公域投放等部门合作。

德鲁克认为，企业的目的是创造消费者。私域流量运营是以消费者为中心，为消费者创造价值，那么企业内所有涉及消费者价值的流程都应该围绕私域流量运营重新设计和执行，拆掉部门墙，减少组织藩篱，减少摩擦形成合力，这样才能提升整体运营效率。哈默曾说："再造不承诺治疗奇迹，再造无法提供快速、简单、无痛的修理。相反，再造需要困难的、费力的工作。它需要公司管理者和员工改变他们的思维和行动。它需要公司用完全新的做法代替原有的做法。要做到这些并不容易。"

围绕消费者价值的私域流量运营就是一次企业再造。咚咚来客一直鼓励客户做难而正确且需要时间积累的事，而不是走捷径。道阻且长，行则将至。

9.2 分好权责利，激发员工主动性

想要运营好门店私域流量，首先门店要有自己的流量，充分调动公司的资源来构建自己的流量池是第一件大事。对于线下门店来说，尤其是多点位的连锁加盟门店，每个门店就是得天独厚的流量入口。消费者到店里消费，门店的服务人员就是门店对消费者的第一触点。因此门店要站在一线服务人员的角度去设计奖励体系，让一线人员从中受益，促使他们主动引导消费者添加门店的微信。

例如乐凯撒比萨在早期运营私域流量的时候，制定了一个这样的措施：每个服务人员添加一个到店消费者到乐凯撒的私域流量池中，就可以获得 0.1～0.2 元的奖励。这样一个简单的激励措施让乐凯撒快速地在 1 个月内积累了 10 万私域消费者，也是这一批种子用户为后续乐凯撒开展"9.9 元买 100 元现金消费券"活动打下了流量基础，乐凯撒因此产生了 3 天获得 600 万元券金收入的辉煌成绩，并带来近亿元复购。

门店在激发员工自主性的时候，要注意以下两点。

1 给每位员工设计一张专属的加好友卡片

门店要根据自己的属性、类型为员工设计专属的加好友卡片。比如服装连锁门店需要给每个导购设计一个专属的加好友卡片，消费者扫码添加的是这个

正在为他服务的导购；连锁餐饮门店只需要给所有的服务人员设计附有店长微信二维码的卡片，消费者无论扫哪个服务人员的二维码，最后添加的都是店长的微信，但是门店需要对卡片做一些技术设置，从而能够判断消费者来源于哪位服务员。

2 每个月对员工添加消费者数进行排名，多维度评比

门店的奖励机制要公平、公正。员工的行为要有数据支撑，门店要让员工清楚地知道自己的成绩，避免造成员工不满。门店可以以新增好友数作为考核维度，统计每位员工带来多少线上消费者。在开展私域流量运营的早期，门店可以对员工进行多维度评比，通过奖励机制激发员工的积极性。但门店也要容忍用户不精准这一问题的存在，如员工为了获得奖励，可能会让自己的朋友添加微信。在早期落地的时候，门店可以忽略这样的因素，重在引导。

门店还可以参考月删粉率对员工进行评比，月删粉率体现了消费者加了门店的微信好友之后一个月没有将门店微信删除的数据。

新增粉丝活跃率也可以作为评比指标，可以是否参与品牌的活动、是否点击朋友圈的链接来判断员工所引流的消费者的价值。

粉丝交易贡献值也是一个评比维度，体现了消费者是否在社群中产生购买行为。

对于以上评比维度，门店可以用咚咚来客的数据中台来统计不同维度的数据，从而对员工作出客观、公平的评价，给予相应员工奖励，激发员工参与门店私域流量运营的自主性和积极性。

9.3 如何设计运营体系，减少人力成本

在我们帮助门店落地私域流量运营的过程中，有的商家反复地问："这会不会增加团队的压力，会不会增加了很多运营难度。"这些问题涉及运营体系的设计。在我们服务的众多客户中，常见的运营体系有3种类型。

1 总部统一规划和统一运营

这一运营体系常见于高频、高复购的门店，例如新零售、餐饮等。在这一体

系下，各个门店主要承担流量入口的角色，所有流量的线上运营由总部统一规划。门店唯一要做的，是把对应的物料摆放到位，服务人员做好引导。刚开始构建私域流量池的门店也适用于这一运营体系，这样不会给门店增加运营负担，也便于总部统一规划运营策略。在这一运营体系下，从消费者加好友或者进群开始，门店就要对消费者进行预期管理，即告知消费者接下来门店有什么活动，分别于什么时候开展。需要注意的是，门店不要在私域中随便和消费者聊天，门店尽可能不要将私域变成一个陪聊场所，而要让每一次互动都围绕门店的运营目的，最好是围绕着即将开展的活动展开。

2 总部规划，门店自治

在组织内的成员认识到私域流量的价值，并懂得如何运营之后，部分品牌就会将权限下移，让各个门店独立管理自己的社群和好友，并执行总部制定的各种营销策略和营销活动。总部的营销部门每月会制定一些专门针对门店社群的活动，然后由各门店落地执行，同时会根据后台的数据对活动进行优化和调整，门店也可以设计适合自己的营销活动。例如麦当劳各个门店有时候会根据门店所处的位置开展一些家庭活动。在总部的规范和指导下，各门店可以开展个性化活动。

3 总部规划，门店员工自行运营

这一运营体系常见于消费者消费频次中等、价格偏高的门店，如美容院、口腔医院、体检机构等。这些门店需要给消费者提供一对一的服务，无法批量化地开展运营活动。这类门店的总部在规划的时候，要给门店的销售人员配备一个经营消费者的运营人员。这样使得每位消费者都有专属的服务群，销售人员和总部运营人员都在群里。而运营人员的角色相当于客服，销售人员负责维系消费者关系，运营人员负责提供服务。

同时，私域流量在组织中的被重视程度会直接决定运营体系的设计。重视与否与品牌大小无关，很多知名品牌只有一个人负责私域流量运营，具体如何搭建组织架构，还要看整个公司的决心、重心和信心。私域流量运营的组织架构搭建具体分为3种情况。

（1）私域项目的运营人员无须很多。以某连锁快餐品牌为例，该品牌的运营部门有5人，分别负责私域流量运营、公众号宣发、短视频平台维护等工作，每个人的工作都呈现饱和状态。因此，私域流量运营的精度和深度都远远不够。而另一个西餐品牌，虽然旗下门店众多，但只用了原来的两名营销人员专门负责私域流量运营工作。这两名营销人员兼顾公私域的运营，沟通成本低，工作协调性好，所以这个西餐品牌的私域流量运营能够精细化落地，运营模型不断优化，业绩十分突出。

（2）很多人运营私域，但协作效果较差。很多行业龙头品牌能够清楚地意识到私域流量运营的重要性，因此都拥有自己的私域运营部门。但是由于规模庞大，私域运营部门往往人员众多，管理制度不够完善，运营人员之间的沟通成本高，导致私域流量运营效果较差。此外，由于人员冗杂，经常出现权利界限模糊、互相推诿的情况。

例如某零售品牌私域运营部门的人员分工十分精细，负责社群运营的有10人，还有专门的人员负责私域、会员、门店的运营，而且每个项目组都有自己的KPI指标。虽然分工精细，但是在跨项目组合作时，各方人员的沟通效率却很低，这导致私域流量运营的效果并不好。例如门店导购本可以将到店消费者引入私域流量池中，但由于门店的KPI指标与将消费者引入私域的数量并不挂钩，所以门店导购并不会刻意将到店客流转化为私域流量，这导致大量客流被浪费。

（3）由第三方团队代理运营。许多预算充足的品牌会在私域流量运营初期，将所有运营事宜直接交由一个专业、成熟的代理运营团队负责，从而节省自己探索、试错的成本。而在选择这类外包服务时，这些品牌会更注重结果而非过程，例如私域流量池中新增了多少消费者、交易额增长了多少等。

找第三方团队代理运营私域流量在零售行业中更为常见，因为零售行业中的品牌往往将私域社群作为新的销售渠道。但由于零售行业中的品牌旗下销售的商品种类众多，仅依靠品牌自身无法将私域流量运营得足够好，因此很多零售行业中的品牌通常会找专业的第三方团队代理运营私域流量，从而将私域流量更好地转化为交易额。

运营私域流量不仅能促成交易，还能进行品牌表达、价值传递。将流量变成品牌的消费者，通过经营消费者实现长期的复购才是品牌更应该重视的指标。对于门店来说，设计一个科学、合理的私域流量运营体系非常重要，可以有效地减少人力成本，使门店私域流量运营的效果最大化。

9.4 加盟门店与总部的私域流量运营逻辑

在推进私域流量运营落地的时候，商家问得最多的就是如何才能让加盟商配合总部的行动？首先，总部要统一品牌标识。这一点对于连锁加盟品牌尤其重要。山寨品牌林立，如何才能帮助消费者识别真品牌？统一的企业微信后缀名，既可以帮助消费者识别真品牌，又给予加盟商信任背书。在落地时，关键是要设计好总部和加盟商之间的利益关系，并制订详细的落地计划。而且总部一定要确保对流量所属权有绝对把控，而流量的使用权可以归门店所有。总部可以从以下两个方面入手设计私域流量运营逻辑。

（1）设计好分账逻辑。加盟门店与总部的利益关系要划分清楚，自动分账，不要产生误解。总部策划的营销活动，加盟门店通过自己的社群销售出去了，总部就应该识别订单分别来源于哪个加盟门店，然后给不同的加盟门店对应的利益。这样在落地私域流量运营的时候，加盟门店才愿意执行总部制定的方针、策略。加盟门店加盟的目的是跟着总部一起赚钱，而总部把和加盟门店的利益关系梳理清楚，加盟门店就更加乐意参与总部的运营活动。

（2）先让一部分人富起来。无论是多么领先的模式，都会有众多的观望者。因此，在落地私域流量运营的时候，总部可以先从加盟门店中挑选配合度高、各方面条件较好的门店作为试点。在私域流量运营早期，总部可以统一代运营这些门店的社群，让这些门店快速地做出成绩。总部还要在加盟商体系内部做好营销包装，让加盟门店知道私域流量运营的重要性和价值，从而帮助门店实现销量的增长。

国内一家成立了20多年的卤味连锁品牌的加盟门店遍布全国各地，按区域可分为华东、华南两个大区。大区下又有省代公司，每个省代公司都有线上运营人员，负责大众点评、美团以及私域社群的运营工作。该品牌对外宣发和营销活动的开展都是由总部的品数中心（品牌与数字化中心）统一操盘。品数中心包含两个小组，一个小组做品牌宣传工作，主要负责营销策略和方案的制定，公众号、各大平台图文、视频内容的编辑策划；另一个小组主要负责私域流量运营、会员维系、数据分析等工作，其中有一位员工专门负责统筹企业微信和社群管理。

如此一来，该品牌所有对外的传播渠道都归品数中心管辖，同一个部门的员工都有一致的目标，相对来说比较好调动资源。品数中心对整个公司的私域流量进行了一段时间的统筹运营，建立了一个十分可观的流量池。但是后来品数中心的负责人离职，导致各省代公司不得不独立进行私域流量运营。由于各省代公司线上运营人员水平参差不齐、运营策略不统一，因此整个私域流量运营体系不够成熟。

该品牌接下来进行私域流量运营的重点要放在总部统筹方面，即由品数中心制定私域流量运营的策略和方案，由不同省代公司落地执行。品数中心负责人要推动私域流量运营策略的落地，赋能省代公司运营人员，这样既有合力又有竞争，上下一心一起打赢私域流量运营"战役"。

9.5 打造新一代门店的新店长：私域店长

门店有了一定的私域流量积累，就可以开一个自动运转的私域门店，而私域门店很好地联通了线上和线下。新一代的门店自然会有新一代的店长，也就是私域店长。私域店长身兼数职，要在社群中运营品牌、服务消费者、策划活动。

有流量的地方就有生意，而私域流量也是流量，因此门店可以在私域中开一家私域门店。有门店就要有店长，而私域店长就相当于私域门店的管理员。谁负责管理私域社群，谁就是私域店长。一般来说，私域店长由品牌市场部的策划人员、运营人员，或者某个门店的店长担任。私域店长主要负责策划社群活动，促进社群互动和交易，解决社群中消费者的疑惑、问题。私域店长至少要有 3 个意识。

1 品牌意识

私域店长在社群中说的每一句话、与消费者的每一个互动，都代表品牌形象。因此，私域店长既要懂得如何礼貌地、高情商地跟消费者互动，还要懂得如何恰到好处地向消费者传递品牌价值。无论私域店长是老板还是员工，都要具有品牌意识和正确的价值观，向消费者传递正向的品牌理念。

2 服务意识

社群不只是品牌单向触达消费者的阵地，还是消费者吐槽和投诉的通道。私域店长必须具备服务能力,不仅能快速、及时地找到投诉源,还能有效地解决消费者的问题,把危机变成机会,如图9-2所示。

图9-2 社群敏感词监控帮助私域店长及时找到投诉源

3 营销意识

私域店长不仅要在社群中推送活动,还要做互动营销。营销意识指的是私域店长要有意识地引导消费者与品牌建立关系,让消费者有沉没成本,从而让消费者在门店留下自己的钱(如储值、分多次消费的现金券),或者让消费者在社群留下自己的反馈(如点评、意见反馈、新品参与报告等)。私域店长要通过各种营销活动,让消费者花更多的时间、金钱与品牌建立深度的信任关系。

私域流量运营是一个循序渐进的过程,私域店长在其中的作用至关重要。市场上行业、门店众多,且从整体上来看,行业和门店都比较传统。很多门店规模不大且基层员工素质参差不齐,这导致了个人和组织的固化。因此,落地私域流量运营的最好方式是先树立标杆,再循序渐进地推进,如果太激进的话,最终运营结果可能会适得其反。

在落地初期,门店可以通过"私域三板斧"(见图9-3)来实现私域流量运营的冷启动。

下面以线下餐饮门店为例进行具体讲述。线下餐饮门店都是自带流量的,因此启动私域流量运营的第一步,就是设计带优惠券的桌贴、台卡或者让收银员直接口头引导消费者添加门店的微信。第二步,积累一定粉丝量后,门店就可以在已有的流量池内进行裂变活动,如开展砍价、分销等活动。一次活动就能获得成

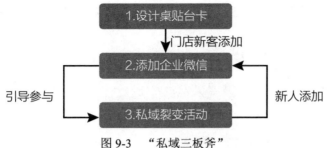

图 9-3 "私域三板斧"

千上万的拉新,而且还能活跃消费者。第三步,持续迭代,使流量持续产生价值。

一些传统行业的门店管理者对线上运营的认知本就不深,他们只关心结果如何。因此,只有私域流量池中消费者的数量和成交额在持续增长,门店管理者看到了具体的数据,他们才会对私域流量运营抱有更大期望,才会投入更多资源。

私域店长要通过"私域三板斧"循序渐进地做好企业微信、社群的运营工作,找到私域流量运营的节奏,做好 MVP(最小可行性产品)模型。有初步成果后,门店才能持续争取更多资源,进一步深化私域流量运营。

9.6 多维度数据的精细化管理

运营私域流量实际上就是科学地做微商,因为运营私域流量就像做微商那样加消费者为好友、创建社群、发朋友圈。而门店在运营私域流量的时候,最重要的就是掌握数据能力,用数据为运营助力,从而不断地迭代私域流量运营方案。随着运营时间的增多和运营经验的积累,这些数据会让门店更了解消费者,从而门店可以更有针对性地开展营销活动,而这对于门店的发展壮大有着非常重要的作用。

门店要能准确识别出私域中的 KOC。品牌在开一家新店时,都力求获得更多年轻人的喜爱,因此在各种新媒体渠道上投放营销广告已经成为品牌开新店时的必然选择。但每次投放广告的费用很高昂,因此借助第三方媒体平台实现长期的营销推广难以成为常态。

品牌应该积极挖掘小红书的素人博主、大众点评达人、朋友圈的意见领袖,给予他们一定好处,和他们长期合作。品牌尤其要对这些 KOC 做好定向运营及管理,时不时地邀请他们为品牌做宣传,让他们将推广文案分享到朋友圈、小红书等平台，这样既省钱，又迎合了当下消费者的喜好，如图9-4所示。

图9-4　门店私域分享达人排行榜

投入人力、财力运营私域流量，但是不知道哪些业绩是私域带来的，也无法对结果和过程进行量化与判断，这是当下很多品牌运营私域流量时遇到的通病。运营团队做了很多事情，但管理者不知道团队的核心贡献是什么，业绩有了增长也不知道是谁的功劳。出现这一局面的核心原因在于没有形式数据闭环。管理者要能通过数据判断哪些交易来自社群，哪些订单来自朋友圈，哪些业绩是私域中某个活动产生的。只要有了数据闭环，管理者就可以清晰地看到私域流量的价值，并能对各渠道、各环节的作用进行准确判断，从而及时调整运营策略，实现更有效的私域流量运营。

咚咚来客系统对于数据的处理很精细，有很多数据埋点，门店可以从系统中导出对应的数据报告。例如通过咚咚来客中的数据，品牌可以了解门店的排行和核销统计，如图9-5所示。品牌做任何事情都要测算投入产出比，私域作为未来最重要的用户运营阵地，其运营结果也要能够准确地呈现出来。品牌要把做得好的门店识别出来，然后总结经验，在公司内部推广，这样就能够领先别的品牌提前掌握规模化经营消费者的秘诀。

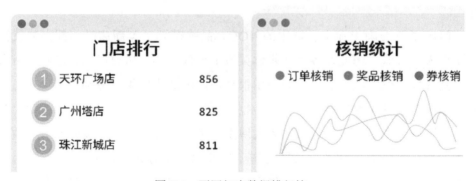

图9-5　不同门店数据排行榜

通过对消费者行为数据进行分析，品牌能够明确消费者最喜欢的内容是什么。私域社群作为一个带着数字"放大镜"功能的互动通道，门店在里面发的任何内容，都可以被系统识别为数据，门店可以通过数据判断消费者更希望门店推送哪些内容。而在社群这个数字化通道里，流通的内容就组成了品牌力。门店要在消费者喜欢的内容上多花时间和精力，对消费者不喜欢的内容减少投入，用消费者的潜在喜好决定新品的推出、活动的策划，如图9-6所示。

图9-6　系统数据识别消费者喜好

系统中的数据还可以帮助门店明确哪些产品是爆款。门店往往会在社群中投放商品链接，通过数据埋点的方式判断存量消费者对产品的喜好程度。门店利用咚咚来客系统对商品链接触达情况进行数据分析，就可以了解商品链接的打开率，触达的消费者分别来自什么渠道，如图9-7所示。数据可以指引门店更好地运营私域流量，门店可以用数据辅助决策，用数据让生意更好做。

图9-7　门店商品链接数据看板

在推动私域流量运营落地的过程中，为了避免出现目标模糊、指向不清晰等问题，品牌在设计KPI时可以围绕3个指标：粉丝量、互动量以及交易额。

粉丝量是品牌的基本盘,这一指标贯穿私域流量运营的始终,在此基础上,品牌如果还想有所提升,就要着重提高互动量,将活跃度作为核心KPI。品牌可以通过活动或者对消费者进行日常关怀激活社群,例如"三八妇女节"的抽奖活动,和酸奶品牌联名或和手游公司合作推出IP盲盒等,并通过营业额中企业微信的占比了解私域月活。活跃度提高了,成交转化率就成为下一个关键的KPI指标。

小　　结

　　私域流量运营能否完美落地的关键在于组织力的强弱。私域流量运营以消费者为中心,贯穿品牌的各个部门,需要领导者的坚定支持和各部门的主动配合。组织力的强弱是很多品牌私域流量运营成绩好坏的分水岭。建立一个以消费者为中心的流程型组织是当务之急,也是让私域流量运营成功落地的核心保障。

　　领导者重视、有专人推进是私域流量运营初期的最低要求,而运营后期则需要高效地打穿部门墙,打通业务,使所有部门以消费者为中心,重构线上运营流程。门店要划分好员工的权责利,固化成品牌的运营模型,植入品牌基因。但流程型组织并不是简单地把所有业务SOP模块化。

　　除此之外,流程型组织还强调把部门墙拆除,如一个私域操盘手不仅要关注私域流量运营,还要关注公司的营销策略、内容传播是否和私域流量运营相关。因此,上自战略,下至战术,私域流量运营负责人都要了然于胸,并通过监测门店拉新效果,判断私域究竟能为门店带来多少生意增长。只有在前期多争取资源,后期门店才能调动更多资源推动私域流量运营更上一层楼。

　　未来最理想的流量运营模式是"公私合营"。流量本身就是一个整体,只是从流量来源和归属的角度将其划分为公域和私域。以前人们只关注公域流量,最近两年,公域流量见顶,人们才开始将目光投向私域流量。一般品牌会由一个运营部门统筹公域流量和私域流量。品牌、营销、会员都围绕公域流量和私域流量运营发力,一致面向消费者,力出一孔,避免资源分散。公域和私域协同有利于提升运营效率,也有利于运营人才的多维能力培养和职业发展。

　　做好私域流量运营,要先做好组织的分工。餐饮行业属于社会终端型服务业,其在产业链的最末端,但一个餐饮门店"麻雀虽小,五脏俱全",其需要对接的供应商、需要提供的服务非常多。但餐饮品牌对门店的管理非常分散,这使得任何一个服务与运营方式在餐饮门店中落地都比在其他行业落地难得多。

　　在这种情况下,在私域流量运营方面,门店需要做到 3 件事:其一,搭建足够简单的私域流量运营流程。不要把私域当成万能神药,而是把它打造成简单可靠的用户运维抓手,用最简单的方式完成私域的拉新与运维。其二,借助工具与第三方的力量。在门店对消费者的负责程度越来越高的今天,依靠第三方进行经营是必要的。其核心在于如何选择,选择对了一个运营工具或合作伙伴,往往事半功倍。其三,私域是时代的产物,因此门店需要符合时代特征的年轻人来操盘私域流量运营。

第四篇
看完就能照做的行业案例

　　他山之石，可以攻玉。各行业的实操案例可以为我们做私域流量运营提供参考与借鉴。我们要找到适合自己的模式，把使私域流量运营简单化，并重复、认真地做。随着行业的发展，以及私域流量更广泛的运用，一定会有更多好案例层出不穷。我们要不断更新自己的案例库，从中汲取精华与养分。

第 10 章
餐饮行业：到店、到家双管齐下

在当前消费方式变革的大环境下，餐饮行业的发展也受到巨大冲击。越来越多的线下餐饮门店开始开拓外卖送餐服务，以此来拓展全新的消费场景，通过满足消费者的新消费需求来实现业绩增长。

其中，快餐业态得益于出品快、消费频次高的特性，能够较快开展外卖业务，收入得到大幅提升，但仍需要支付不少佣金给第三方平台。

10.1 二线城市的西餐品牌意拉拉，1 200 份优惠券包 24 小时售罄

意拉拉是一家从二线城市起步、追求创造超预期性价比的西餐厅。餐厅产品定价低，品质超预期，客户群体为女性白领及家庭群体。品牌创建 3 年，5 个门店覆盖惠州的主要商圈。意拉拉西餐厅通过自己的私域社群，24 小时售罄 1 200 份优惠券包，不仅没有额外被抽佣，还获得了众多复购的消费者。

"现在，我能明白为什么私域这么火了"，在不到 24 小时就卖出 1 200 份线上优惠券包之后，意拉拉负责人在群聊中发了一条消息。意拉拉运营私域流量之前，门店的线下客流量本身就比较大，在用餐的高峰时段消费者排队点餐是一种常态。但是随着门店经营线上化，意拉拉发现自己的客流量存在短板：门店和消费者是一次性关系。而且虽然每天客流量很大，但是无法持续地连接这些消费者。为了补足门店客流量的线上运营短板，意拉拉开始构建私域流量运营体系，如图 10-1 所示。

第10章 餐饮行业：到店、到家双管齐下　　131

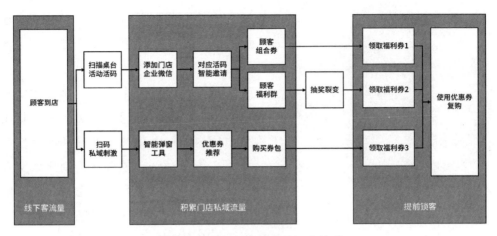

图 10-1　意拉拉私域流量运营体系

此前，意拉拉所有的运营核心都围绕线下门店，没有过多思考在线上经营消费者，因此也没有对消费者进行留存。这使意拉拉难以触达消费者，只能被动等待。因此意拉拉通过 3 步启动了自己的私域流量运营战略。

1 梳理门店线上线下的流量路径

首先，意拉拉留存到店消费的消费者，把客流量迁移到线上私域。其次，覆盖能够触达消费者的主要场景，诸如扫码、领券、下单等关键入口。最后，设计优惠活动增强消费者参与的动力，比如让消费者先领券再下单，利用优惠券提前锁客，同时驱动消费者第二次来店消费，如图 10-2 所示。

图 10-2　门店线上线下流量路径

意拉拉是快餐类品牌，消费者对门店的服务效率要求极高，由此意拉拉推出了扫码点餐服务。在餐饮行业中，扫码点餐已经是一种比较常见的自助点餐方式。对消费者而言，扫码点餐能更快地下单；对门店而言，扫码点餐可以降低人工服务的成本，同时，可以实现高效地接待消费者。根据消费者的扫码习惯，意拉拉门店设计了"先领券再下单"的活动物料，将其张贴在店内桌面上，如图 10-3 所示。每当消费者扫码下单时，就会看到海报上的领券提醒，领券和下单是在同一

个场景下，因此消费者不会反感。当消费者添加了意拉拉门店的企业微信后，智能客服会一次性送出 61 元的组合券。

送出 61 元组合券的目的是：提前锁定消费者和提升消费者的消费频率。组合券可以用于购买门店内的一两款热销产品和高单价产品，利用高频带动低频的模式，刺激成交金额最大化。其中，61 元是根据意拉拉门店的产品均价得出的，在保证门店利益的情况下，每款单品的均价折扣区间在 61 元左右。

图 10-3　意拉拉门店的桌贴海报

意拉拉还利用咚咚来客的活码功能，在不同的海报中设置了不同的客服活码。消费者扫码后无须验证就可以自动通过申请，并会收到智能助手自动发送的欢迎语。这缩短了连接消费者的过程，同时简化了烦琐的验证通过流程，也避免了忙碌时回应过慢的问题，如图 10-4 所示。

图 10-4　向消费者自动发信息

2 做大门店私域，让老客带新客

门店的生意要做得长久，回馈老客户是不可或缺的。但是在做回馈老顾客活动时,门店可以设计一些裂变路径,刺激老顾客邀请新人,将裂变活动和回馈老顾客结合起来,使存量的老顾客为门店带来新的流量。

大部分的门店在回馈老顾客时,只会单纯地让利回馈,其实最好的模式是实现门店和消费者的共赢。这种共赢是可以将裂变活动和回馈老顾客结合起来的。意拉拉策划了一场抽奖活动,最大的奖品是200元免单券。为了让活动更有氛围感,同时避免消费者抽不到大奖而产生负面情绪,意拉拉做了两件事情。一是及时给参与者反馈,保证只要消费者参与活动就能抽到奖品,如参与奖是8元的比萨折扣券。二是在社群里启动活动,这样不仅可以营造活动热闹的氛围,还可以让消费者参与监督,保证活动的真实性和公平性,激发消费者参与的积极性,如图10-5所示。

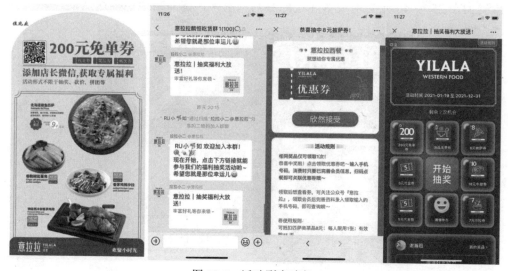

图10-5 活动裂变路径

活动的逻辑很简单,消费者在门店消费的时候会看见相关的活动海报,活动海报上展示了几款店内销量不错的单品,让消费者能更直观地感受到活动的福利力度。消费者扫描海报上面的活码就会自动被邀请进入福利群。智能助手会在群里发送活动链接,消费者点击链接就可以参与抽奖活动。每个消费者只有3次初始抽奖机会,而初始抽奖次数用完的消费者想要继续参与抽奖,就需要邀请好友。消费者每邀请1个好友,就可以多获得1次抽奖机会。

3 促活私域消费者,到店复购

意拉拉通过调动到店消费者参与活动的积极性,获得了精准的私域流量。管理层综合评估之后,认为可以针对这些老顾客开展线上促销活动。在日常的运营中,意拉拉给不同的消费者打上各类标签,意拉拉计划在"双11"的时候,顺势推出自己的线上促销活动。

淘宝的"双11"、京东的"618"都是由平台打造出来的狂欢节。门店也可以定期地推出促销活动和新品活动,并用自己定义的"节日"来进行包装,这也是培养消费者消费行为的一种活动设计方向。根据这个思路,意拉拉策划了一个促销活动——"9.9元就可以购买30元的优惠券"。意拉拉在券包内放了5张6元的代金券,消费者单笔消费满35元就可以使用一张代金券,如图10-6所示。这个活动的目的主要是测试消费者在社群有没有付钱的可能性,以及通过这个方式锁定消费者的多次复购。然后意拉拉将喜欢西式点心、对价格较为敏感、消费承受力在25～40元的消费者通过标签筛选出来,定向给他们推送活动。

图10-6 优惠券包的设计

活动上线之后,1 200份优惠券包全部售罄,券包收入11 880元。每一张优惠券都要消费满35元才能使用,使得意拉拉在提高客单价的同时,锁定了消费者剩下的5次复购。这次活动使意拉拉的复购率有效提高了15%。

意拉拉开展的这次活动,从策划、推广触达,到消费者到店核销,整个流程中没有产生额外的成本,全部在咚咚来客系统中高效完成。

从这个案例中我们可以看出,私域流量可以赋能门店的线上经营,帮助门店留存消费者,使门店低成本、可重复、更高效地触达消费者,给门店带来营收的增长。

10.2 线上"预售+分销",缓解门店的现金流压力,提前锁定潜在消费者

线下业务的开展受到场地局限性较大,例如部分地区偶尔会出现极端恶劣天气,使消费者不再愿意出门消费,甚至餐饮门店的业务都需要紧急暂停。餐饮门店一旦歇业,线下收入就被切断,但是员工工资、房租的支出,让门店的经营压力倍增。最好的解决方案是门店转向线上经营,用"预售+分销"的模式缓解门店现金流压力,还能提前锁定潜在消费者。

1 用限时秒杀提前预售

门店可以开展限时秒杀活动,预售福利产品。门店可以将日常的餐品、优惠券包作为福利产品,用薄利换来多销,吸引消费者在线上预购,如图10-7所示。

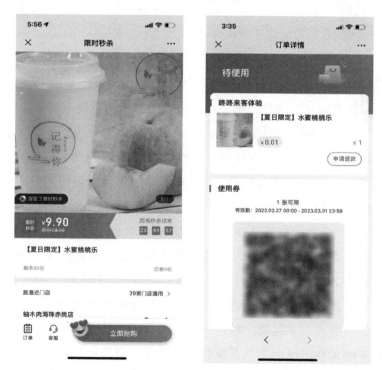

图 10-7　限时秒杀活动页

推送活动的时候,门店可以根据消费者的打开习惯,智能选择打开率最高的渠道推送,减少对打开率低的渠道的推送,如图10-8所示。

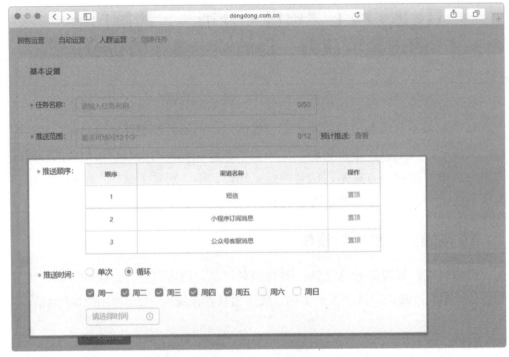

图 10-8　智能超级推送

线上预售一方面帮助餐饮门店缓解了现金流压力,帮助门店度过困难时期;另一方面让门店锁定了客流量,可以在度过艰难时期后更快地恢复经营。

作为善于积攒私域流量的餐饮品牌之一,乐凯撒用一两个月时间就完成了业务从线下到线上的转移,在私域社群中是积攒了 10 万多消费者。乐凯撒在社群中开展"9.9 元购买 100 元消费券"的活动,收获数百万现金流的同时,带来近亿元的复购。有些门店会把这种优惠券免费送给消费者,而在私域中,门店可以通过活动的形式将这种优惠券预售给消费者,这样门店的现金流压力也能得到缓解。

某大型连锁烘焙品牌开展节日营销活动,在门店中售卖 29.9 元爆款单品的优惠券,提前锁客,提升营业额。其中一家门店只用了 3 分 48 秒就售罄了 400 份优惠券,而且优惠券的核销率高达 87%,给门店带来近万元交易额的增长。吸引消费者购买的价值点在于超值,秒杀活动的内容可以是大额代金券、套餐券、券包等。消费者时常会出现由于个人事务的影响而放弃消费计划的情况,因此,门店可以将优惠券的有效期适当放宽,使消费者在结束事务后也可以到店使用,以达到预售的效果。例如一家餐饮门店推出 6.6 元抢购招牌酱大骨活动,数量有限,抢完即止,如图 10-9 所示。

第10章 餐饮行业：到店、到家双管齐下

图 10-9　秒杀预售活动

秒杀券包中要尽量加入单品的优惠券，打造单品、套餐、代金券多种形式的组合券，并给各种券设置不同的使用时间，引导消费者多次到店使用，提升门店的复购率和客单价。

2 用分销功能激活员工

当线下门店由于客观原因需要暂停营业时，门店员工也无法正常到店工作。面临这种非主观因素所致而无法正常到岗的情况，门店仍然需要照常给员工发放工资。门店要提高人效，用分销功能调动员工工作积极性，鼓励员工在线上开展推广活动，如图 10-10 所示。

在让员工参与分销之前，门店要制定员工分销的激励机制（分佣规则和任务考核），如图 10-11 所示。此外，门店还要对员工进行简单的业务培训，让员工成为门店的线上销售和传播渠道，通过让员工零门槛赚取佣金提升员工的工作积极性。预售秒杀活动或者其他促销活动适合让员工参与分销，这能够进一步扩大活动传播范围，提高消费者参与的积极性。

图 10-10 员工分享活动参与分销

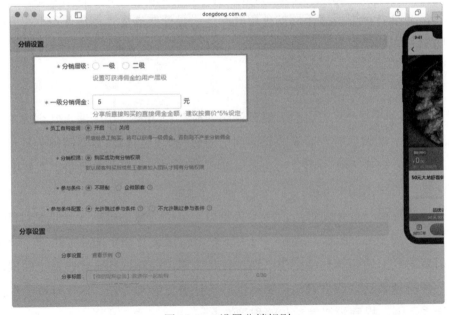

图 10-11 设置分销规则

同时，餐饮门店也可以让门店的老顾客参与分销，鼓励老顾客带来新顾客。老顾客参与门店的分销活动，足不出户就能够一键生成分销海报，发个朋友圈就能轻松赚一些零花钱。邀请消费者做分销的时候，门店要先把私域中活跃度高的消费者筛选出来，给他们定向地推送分销活动，如图 10-12 所示。这样在提高活动的参与率的同时，也降低了营销的"误伤"。

图 10-12　筛选活跃度高的超级顾客

10.3　社群助推外卖到家业务增长

线上私域也能够成为门店最好的交易场所。线上私域给了门店触达消费者的机会，当消费者不进店时，门店就要主动触达消费者，缩短和消费者之间的距离。无论是用优惠券吸引消费者，还是找到新的交易场景，都不如直接创建一个外卖群。消费者无须到店，让产品走向消费者。

餐饮门店可以将群二维码附在给消费者发送的欢迎语中，邀请消费者扫码进入外卖群，并设置一个诱饵（一张满减券或点外卖赠送鸡腿等福利），增加消费者进群概率。每到用餐时间，门店可以在外卖群中发送链接，提醒消费者点外卖。

这个操作可以激发原本不打算点外卖的消费者的需求，从而增加餐饮门店的外卖订单。然而工作餐外卖的客单价低、利润低，门店很难通过工作餐外卖赚到钱，基本相当于给外卖平台打工。

某火锅门店，通过设计了一个适应配送的产品套餐，使自身销售额大大增长。该火锅店的具体做法如下：第一步，将火锅所需材料做成外送餐盒的形式，即把蔬菜、肉、酱料和锅底打包成一个 399 元的套餐。第二步，设计一个消费者再次复购的逻辑：加店长企业微信，套餐中的锅底免费送，今后再找店长预订，还能享 8 折优惠。很少有消费者会拒绝这样的优惠，基本都会加店长的微信。第三步，在社群里推送消息，告诉消费者他们在家也可以像在店里那样吃火锅。消费者可以提前预订，门店会将预订的套餐配送到消费者家中，还送一个锅。

此火锅外送活动在群里推出没多久，就卖出了 60 多单。商家初步看到了该活动的成效，便找了本地的公众号、视频号达人，让他们帮助转发，他们推广得越多，卖得越多，就能得到越多的分成。在门店与第三方的共同努力下，这家火锅店的营业额大幅增长。

10.4　传单、围挡、KT 板都是获客入口

新店开业时，一些老板会花钱让当地的公众号、抖音号为门店吸引客流。其实，新店装修时外面的围挡就是门店的黄金广告位，门店一定不能浪费装修时门店的曝光期。

卡朋西餐就是利用装修时的围挡，实现了门店还没开业就有顾客、开业就排队的火爆效果。

首先，卡朋西餐重新设计了围挡，让消费者在经过店门口时就能看到企业微信二维码以及一句吸引人的话："我要开业了，加我微信，朋友圈好友 3 天 5 折"，从而吸引路过的消费者扫码添加好友。需要注意的是，文字以及二维码一定要尽可能大，确保能够吸引来往人流的注意力，也方便消费者扫码加好友时能够一扫就出现结果，如图 10-13 所示。

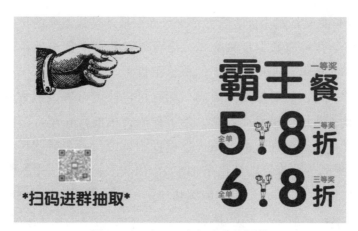

图 10-13　卡朋西餐新店装修围挡

其次，利用企业微信的欢迎语功能，向消费者发放优惠券，提前锁定消费者需求。卡朋西餐在开业前创建了 5 个微信群，吸引感兴趣的消费者进群，并提前营造氛围，每天都在微信群中对开业时间进行倒计时，同时招募爱吃爱玩的年轻消费者作为免费体验官。

在开业前，卡朋西餐定向邀请这些热衷分享生活的年轻消费者免费到店体验以带来二次曝光。卡朋西餐开业伊始便大排"长龙"，用较低的营销成本获得了显著的活动效果，不仅让品牌知名度急剧增加，还获得了一批忠实消费者。

对于线下门店来说，任何与消费者接触的地方都非常重要，门店桌面的台卡、门口的展架、传单等都是触达消费者的优质渠道。门店可以先从建一个企业微信群开始，将消费者留存在自己可以触达的地方，再通过一个个有趣好玩的活动，不断影响消费者，促使消费者转化。例如传统门店在做线下推广的时候，通常会用发传单这种推广方式。地推传单有两个优点：一是人群精准，门店附近的客流量都是精准的潜在消费者；二是操作简单，只需一个地推员和一叠传单就可以开展推广。

但发传单也存在弊端：投入的成本和产生的效果之间的转化关系并不清晰。投入的人工成本和物料成本能带来多少转化？哪些到店的消费者是通过推广而来的，哪些消费者是自己过来的？有多少消费者看了传单？这些问题都没有数据反馈，这是发传单这一传统推广方式最大的缺点。没有数据反馈作为基础，门店的推广就没有优化提升的空间，整个推广过程只能凭借个人感觉、经验来判断传单的推广效果如何。

发传单并不是推广的目的，了解消费者喜好吸引消费者到店才是。只是将传单发出去并没有意义，发出去之后会带来什么回报才是最重要的。

那么如何让传单有数据反馈呢？门店可以在传单上面设置渠道码，例如给在店门口推广的传单、在广场推广的传单都设置一个渠道码。门店可以通过活动吸引消费者扫码，然后通过渠道码门店就可以知道有多少消费者看了传单，又有多少消费者通过传单到店消费。为了提高传单的转化率，门店可以在不同的传单上设置不同的福利菜品，这样也可以测试消费者更喜欢哪一种单品，从而不断优化，提高传单推广的转化率。例如山顶沙河粉门店使用"渠道码+传单"的推广形式，获得了23%～27%的转化率，门店日均获得74位潜在消费者，如图10-14所示。

图10-14　山顶沙河粉传单

除了优化传单外，门店还可以优化发传单的方式。根据统计，90%以上的单页传单的生命周期还不到5秒。其实消费者已经不喜欢再看传统的传单，怎么让消费者主动了解门店比机械地派发传单更重要。门店可以尝试用"KT板+渠道码"的形式，给消费者发放优惠券。门店设置好一个合理的引流推广单品后，推广员可以拿着KT板推广，如图10-15所示。

图 10-15　库克牛排的 KT 板

感兴趣的消费者会直接领取优惠券,潜在的消费者也会因为推广员的"安利"而添加门店的企业微信,这种推广获客的转化率能达到 43%～57%。

10.5　打造品牌"超级室友",九龙冰室的复购经营之路

九龙冰室一直紧跟茶餐厅行业的发展趋势,贴合当下消费需求,融合粤、港饮食口味特色。目前品牌在全国已经拥有 200 多家门店。九龙冰室是一个散发着怀旧气息的茶餐厅品牌,比一般的茶餐厅品牌更平民化、大众化。因为门店具有怀旧气息的装修风格和过硬的产品,所以一直都是年轻人经常打卡的网红门店。为了迎合消费者的线上消费习惯,和消费者建立更深的联系,九龙冰室将到店的消费者留存在门店私域中,通过私域流量运营触达、培养品牌的"超级室友"。

(1) 留存到店消费者,构建品牌私域流量池。把握好门店在日常经营中和消费者的接触点是将消费者留存到私域的关键。例如在消费者用餐的餐桌上,九龙冰室都设置了活动桌贴,让消费者先领券再消费。扫描桌贴上的二维码,消费者可以添加门店的企业微信,然后再进入私域社群中领取优惠券,如图 10-16 所示。

图 10-16　门店桌贴物料

先领券再消费的形式有两个优点：其一是顺应了消费者的消费心理，给予福利的形式更容易使消费者留存在门店私域中；其二是九龙冰室的福利官可以和消费者建立联系，如图 10-17 所示。

图 10-17　九龙冰室福利官、九龙冰室福利群

活动桌贴上配置了咚咚来客的定向留存功能，消费者扫描二维码后可以根据当前位置，选择进入品牌不同区域的门店社群。对于进入私域社群的消费者，门

店在日常经营中就可以通过日常福利、霸王餐免费抽、人气单品、超值优惠券触达消费者，不断和消费者互动以提高门店的复购率。

（2）周期性互动，沉淀品牌"超级室友"。品牌在社群中把简单的事情重复做，可以让消费者形成消费习惯，产生一批"超级室友"。九龙冰室的私域社群中有固定的私域会员日：周一答题领取优惠券、周三会员专属活动日、周五幸运大转盘抽奖，如图10-18所示。

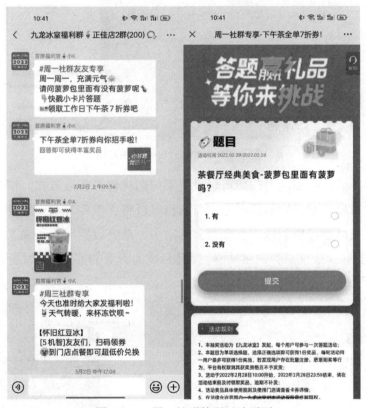

图 10-18　周一社群答题活动页面

每周一，九龙冰室会在私域社群中发放门店的优惠券。门店不是将优惠券直接发放到群里，而是通过咚咚来客的答题功能，实现互动性的发放。门店在系统后台编辑好活动规则、活动时间等内容后，就可以将活动推送到社群中，如图10-19所示。并且可以指定参加活动的人群，例如只有门店私域社群中的消费者才可以参与福利活动。

图 10-19　系统后台编辑规则

根据不同活动的需求，门店可以设置不同的优惠券领取方式，消费者将问题回答正确就可以领取门店的优惠券。门店也可以将优惠券领取规则设置为：问题回答错误或正确都可以领取。但在日常活动中，最好设置回答正确才可以领取的门槛，这样能够营造优惠券的稀缺感，提升私域消费者的参与度，如图10-20所示。

图 10-20　优惠券领取规则设置

而咚咚来客后台会根据私域中参与活动的消费者的行为，给其打上一个标签，以方便门店分组管理消费者。例如消费者抽中了优惠券但是没有及时领取，则会给消费者打上"抽奖活动未领奖"的标签。在第二天，门店可以通过咚咚来客的群发功能一对一地通知未领奖的消费者及时领取优惠券，以提高优惠券的到店核销率，如图10-21所示。

图10-21　门店给未领奖消费者打上标签

用答题的方式发送优惠券可以让社群中的消费者不断加深对品牌的了解，有助于提高消费者的黏性，培养品牌的"超级室友"。

九龙冰室的周三福利单品是为了给消费者带来惊喜。门店在私域中开展活动要学会在不变中变化，每周的套餐形式可以是固定的，但是海报页面、单品类型要根据节假日和热点及时更新，给消费者带来新鲜感。九龙冰室根据门店的数据情况，每周三选择一款单品给私域社群中的消费者发福利，消费者扫码就可以直接领取优惠券并到店使用，如图10-22所示。

图 10-22　周三福利单品

其实，在私域社群中开展的活动越简单，效果越好。对于消费者而言，参与简单的活动没有学习成本，不会浪费很多时间，因此消费者的参与度会提高。九龙冰室的周五幸运大转盘抽奖活动就很简单，消费者只需要点两下（点链接、点抽奖），就参与了活动。九龙冰室每周五在社群中推送"150元吃饭基金抽奖活动"，通过抽奖的形式发放优惠券。周五抽完奖，周六、周日消费者就有机会到门店消费核销优惠券。抽奖活动的设置也很简单，商家只需要在咚咚来客系统中设置好幸运大转盘抽奖的活动内容、活动规则，如将规则设置为每个消费者有2次抽奖机会，消费者点击链接就可以参与抽奖了，如图10-23所示。

同时，幸运大转盘抽奖活动支持裂变推广，可以让老客带新客一起领取150元的吃饭基金。消费者每邀请1位朋友添加门店的企业微信，能够多获得1次抽奖机会，如图10-24所示。大转盘中所有的奖品，中奖的消费者可以直接到店使用。九龙冰室的周五幸运大转盘抽奖活动不仅提高了社群中消费者的活跃度，还帮助门店实现了业绩增长。

第10章 餐饮行业：到店、到家双管齐下

图 10-23　周五幸运大转盘抽奖活动

图 10-24　裂变推广规则设置

（3）高效运营力，支撑品牌精细化运营。品牌要想用精细化服务触达每一位消费者，就要有足够的运营力支撑。在每次活动之前，九龙冰室都会用咚咚来客的 SOP 功能做好活动规划，如图 10-25 所示。

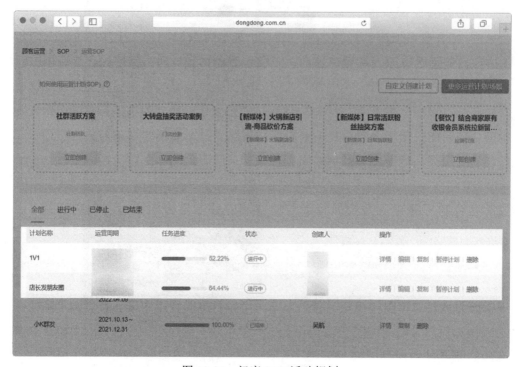

图 10-25　门店 SOP 活动规划

针对每一个活动，门店可以用 SOP 功能将预热、推送、提醒等各个环节规划好。到了预设的活动时间，系统会自动通知店长，提醒店长用群发功能给社群中所有的消费者推送活动通知。

私域消费者是门店的重要资产，门店要给每次参与活动的消费者打上标签。通过在系统中筛选标签，门店可以了解到哪些消费者愿意经常和门店互动、愿意帮助门店进行传播推广，如图 10-26 所示。

开展了两个月的私域社群活动，九龙冰室一共留存了近 4 万名私域消费者，为门店带来了不俗的复购率以及收益。门店需要通过周期性的互动活动和消费者共创私域文化，而私域文化的建立能够提升品牌的知名度，促进品牌效益的增长。2021 年末，九龙冰室还在社群发布了"超级室友榜单"，对消费者表示感谢，这进一步增强了品牌与消费者之间的情感联结。

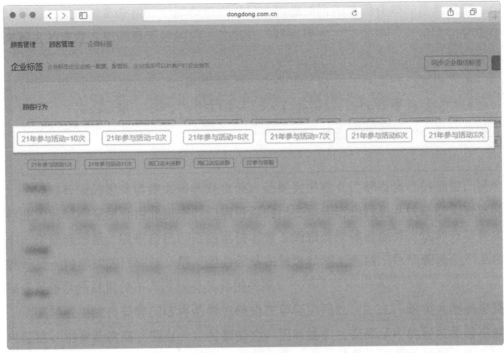

图 10-26　消费者的标签

10.6　肥汁米兰：打造"线人"文化，创造感性价值实现复购增长

肥汁米兰创立于 2017 年，是一个以经营米线为主要业务的餐饮品牌。在 2021 年末完成过亿元 A 轮融资后，肥汁米兰的估值约为 10 亿元。肥汁米兰作为一个新兴餐饮品牌，在激烈的餐饮市场中发展较为迅速。肥汁米兰之所以能够取得如此好的成绩，是因为其运营团队在不断探索新一代会员互动的方式。肥汁米兰让消费者添加门店的微信、进入门店的社群，把线下消费者留存到门店私域中，在私域中用活动锁定潜在的消费者。

（1）留存到店消费者，构建品牌私域流池。肥汁米兰在上海有 20 家直营门店，每个门店都设置了和消费者交互的触点，通过福利活动引导消费者留存在私域中。消费者在排队时以及点餐时，门店中的服务员会用带福利活动的推广物料（挂牌、纸巾等）邀请消费者进入门店的社群。

肥汁米兰一些有特权的群的进群方式为"邀请制"。消费者想要进入门店社群享受专属福利，例如周二抽霸王餐、周四参与限时秒杀等，需要先添加店长为好友，然后通过店长邀请的方式进入门店社群。

用企业微信加消费者为好友再邀请消费者进群有几个好处：减少员工手动操作流程；门店和消费者成为微信好友，方便将活动一对一地推送给消费者；提高社群的价值，给予消费者进群的仪式感。

私域消费者就是品牌的新一代会员，消费者添加店长为好友，后台会自动通过消费者的好友验证，同时自动发送欢迎语。除了邀请消费者进入门店私域社群外，针对新顾客，肥汁米兰还设计了一张"4元浇头会员券"，在门店引导消费者留存到私域的同时，也帮助品牌完成了会员留存。通过福利活动留存到店消费者，1个月左右的时间，门店共留存了6 859位真实的、有地理位置标签的消费者。

（2）高效互动提升门店品牌力。带给消费者好的体验是运营好私域的前提，也是提高门店品牌力的关键。门店可以通过群暗号、霸王餐抽奖、限时秒杀等活动和私域消费者进行互动，并制订周期性的互动计划，进行智能化的活动推送。例如通过咚咚来客的"抽奖助手"营销功能，实现智能化的活动推送。

周期性的互动活动可以提高私域消费者的活跃度，也可以帮助门店在社群中锁定潜在的消费者。例如固定每周二、周四在门店社群中开展福利活动，引导更多潜在消费者到门店消费，提高门店私域消费者的留存率和复购率。

在咚咚来客后台，门店可以提前设置好活动规则、活动时间，还可以设置活动门槛，例如只有门店私域中的消费者才有参与抽取霸王餐的资格。消费者成功参与后，后台会自动弹出关注公众号的通知，引导消费者关注公众号了解抽奖结果。对于抽中奖品的消费者，门店通过公众号向其推送领奖链接，引导消费者到店消费。

（3）精细化运营，控制运营节奏。门店推送活动的节奏很重要，比起强硬的广告推送，精细化运营可以让消费者感受到品牌的温度。在每次活动之前，肥汁米兰的店长会提前一天发朋友圈通知消费者门店将要开展福利活动，以吸引消费者参与。

在活动当天，店长会在活动开始前30分钟提醒消费者参与活动。活动通知通过咚咚来客的群发功能定时推送给目标社群，不需要店长一直盯着时间，减少了人力执行成本，如图10-27所示。

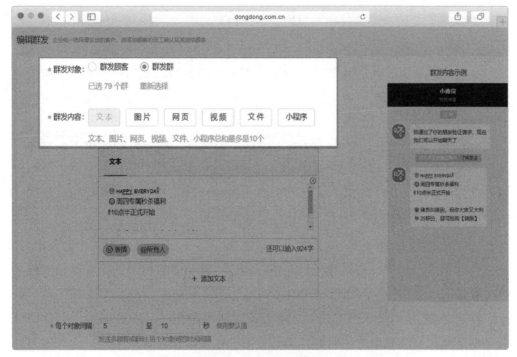

图 10-27　自动群发提醒

活动时间的设置要具有科学性、合理性，如肥汁米兰将抽取优惠券的活动时间定为上午 10 点，开奖时间定为 10 点半。活动结束后，基本也就到用餐时间了，中奖的消费者刚好可以使用优惠券消费。此外，门店要根据消费者不同的行为为其打上标签，通过标签对参与活动的消费者进行精细化运营，这方便门店后续对消费者进行分组管理和有针对性的营销。

门店的私域是消费者的反馈渠道，也是消费者和门店互动的阵地。在门店的经营过程中，会有部分消费者给门店提出反馈意见。而在门店的私域中，门店可以通过私信的方式，坦诚地和消费者一对一交流，以解决消费者提出的问题。这也能够提升消费者对门店的信任度和忠诚度。

在肥汁米兰的私域中，经常会有消费者互相赠送优惠券。当私域消费者想要去门店消费的时候，会在群里询问其他消费者是否还有优惠券，一些消费者会把多余的优惠券送给有需要的消费者。这样一方面提高了私域的活跃度，另一方面也间接帮助门店提升了复购率和优惠券核销率。

私域无疑是经营消费者的最佳场景。用对工具，给消费者提供好的体验，肥汁米兰的大部分门店已经完成线下消费者在线上私域的留存工作。

小　　结

　　如何构建私域流量运营体系，摆脱线下流量的制约，成为很多餐饮门店急需解决的问题。餐饮门店可以采取一些自救措施，在配合新冠病毒感染疫情防控的同时，减少其对生意的影响。

　　（1）用企业微信运营私域流量，打好复购基础。随着时代环境不断变化、大众消费不断升级，留存与经营消费者的难度也不断增大。例如微信小程序用户留存活跃难、无法主动触达；微信公众号点击率持续走低、人们阅读兴趣减弱。为了更好地连接消费者，很多门店的店长都开始用个人微信拉消费者进群、加消费者为好友，但是效率不高，效果也不是很明显。而且一个门店就有一个微信账号，总部管理起来很麻烦，数据也无法共享。因此，微信官方推出的企业微信就成为很多餐饮门店青睐的新兴运营工具。

　　截至2021年1月，已有超过550万家门店与组织进驻企业微信。餐饮门店在早期落地私域流量运营的时候，不宜太复杂，运营工作可以围绕三个关键点展开：加好友/进群、以门店为单位的标签体系、推送优惠活动及爆款产品。

　　（2）用自己的私域流量推动销量，用外卖平台的配送能力送餐。这是一套组合拳。门店也可以在私域社群中开展外送接龙活动，将店里的半成品食材给消费者送到家，让消费者在家里享受美味。新冠病毒感染疫情防控期间，某门店刚恢复堂食，就以区域为单位定向地给私域流量池里的1万多个消费者发放了老顾客优惠券，消费者转发活动还能再得一张优惠券。这家门店没有大肆打广告，仅仅用自己的私域流量就在解除封控的几天后客流爆满。

　　（3）门店可以利用标签快速筛选消费者，为贴着不同标签的消费者提供个性化服务。例如门店可以根据标签给未购买的消费者推送首单优惠的消息，给已购买的消费者推送复购有礼的消息，给低消费的消费者推送优惠活动，给高消费的消费者推送买多送多的消息。

　　总之，门店要尽量减少损耗，提前回收现金流，实现最小成本运营。餐饮行业中超级头部品牌的资源和能力是大多数餐饮品牌无法复制的。门店要把目光更多投向成长型品牌，因为它们的经验更有借鉴意义。对一些品牌在私域流量运营方面的经验进行总结，我们可以发现，这些品牌大多是先积累流量，然后在社群中开展周期性营销活动，最后在社群中开展预售活动。在私域流量运营的早期阶段，门店循序渐进地做好这3件事情，就会带来非常显著的效果。

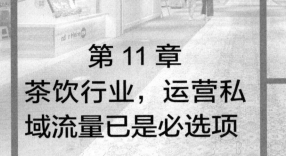

第 11 章 茶饮行业，运营私域流量已是必选项

为了保持市场竞争力以及打破行业"天花板"，茶饮品牌"卷"出新高度。茶饮可以说是目前餐饮市场中竞争最激烈的行业，各类网红产品层出不穷，而各大茶饮品牌的产品逐渐实现了茶底、水果、小料、包装、赠品等各个方面的全覆盖。

从产品来看，茶饮品牌普遍面临创新难、产品同质化严重的困境，例如各式水果茶和芝士奶盖茶几乎成了奶茶店的标配；从利润来看，由于品牌之间的价格战此起彼伏，再加上原材料、人工等成本上涨，茶饮行业的利润逐渐走低。

在这样的背景下，茶饮行业市场竞争越来越激烈，新品牌想在这条赛道上闯出一片天地更是难上加难。对于高频、高复购、竞争激烈的茶饮行业来说，对消费者进行数字化经营是破局的不二之选。品牌要跟消费者玩在一起，要跟消费者直接对话和互动，穿越品牌生命周期，使品牌从"网红"走向"长红"。

11.1 连锁茶饮私域正当时，全新的品牌表达通道

古春堂始创于 1989 年，专注于地道岭南凉茶和甜品制作，因坚持深山原材料选取、古法熬制、零添加而成为珠海家喻户晓的本土品牌。为了和消费者建立更深的联系，渗透各圈层的消费者，让消费者随时看得到、买得到，古春堂通过"产品+渠道覆盖+私域运营力"把消费者留存在门店私域中，打造品牌的私域复购闭环。

（1）多渠道联动，助力门店私域留存。好的产品是门店经营的基础，而想要让消费者产生复购，门店就要以消费者为中心开展运营活动。留存消费者是促使消费者复购的第一步，增加门店传统会员的数量并不一定能够提升门店的复购率。

古春堂借助数字化运营手段，建立品牌和消费者线上线下全渠道的关系。古春堂的门店设置了很多和消费者交互的触点，通过福利活动引导消费者添加门店的企业微信以将消费者留存在线上的私域中。

所有的活动物料都用活码作为留存入口，消费者扫码后会先添加店长的企业微信，自动欢迎语中会附有进入社群的链接，消费者点击就可以进入门店的社群。门店可以通过自动欢迎语告知消费者进入社群可以享受的福利，例如进群领优惠券、进群抢红包、进群领取外卖优惠券等，如图11-1所示。

图11-1　古春堂私域引导欢迎语

古春堂不会将消费者拉进社群，而是让消费者自由选择是否进群。如果消费者暂时没有进入社群，后续品牌依旧可以通过朋友圈推送营销活动，触达消费者，如图11-2所示。

随着消费者线上消费习惯的形成，除了线下门店外，古春堂还在线上公众号渠道设置了留存入口，通过线下和线上的联动帮助门店扩大流量入口，更好地留存消费者。

（2）周期性活动，建设私域品牌力。门店要让消费者实现从新客到老客的升级。在消费者留存到私域以后，门店要通过和消费者互动，循序渐进地让门店和消费者的关系升级。古春堂在运营私域流量的过程中，提前确定好运营节奏，

第11章 茶饮行业，运营私域流量已是必选项   157

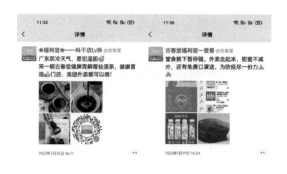

图 11-2　古春堂私域店长的朋友圈

循序渐进地推进运营工作。前期古春堂的运营策略是通过日常的福利互动提升私域消费者的活跃度和参与活动的积极性。例如在周二客流量比较小时，在社群中用福利优惠刺激消费者到店，如图 11-3 所示。

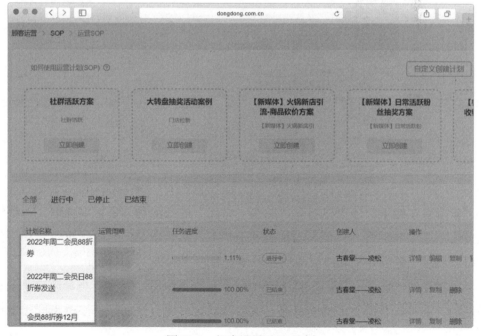

图 11-3　门店设置 SOP 计划

而在不同的活动节点，品牌可以采用不同活动策略来经营消费者。例如前文提到的在2022年春季，古春堂策划了"承包你一年的凉茶"的大型活动。

古春堂通过大型活动挑战赛和私域消费者互动，成功地让线上消费者走进门店，提高门店复购率和拉新率，增加了门店的营收，提升了私域品牌力。在活动开展时，门店把活动物料群发到所有的私域社群中，同时所有的福利官会在朋友圈同步推送活动信息，如图11-4所示。

图11-4　私域社群群发活动、朋友圈同步推送活动

消费者在线下门店可以参与"凉茶一口闷"挑战活动，还可以抽取"一整年免费喝凉茶"的资格。只要参与抽奖的消费者，都能领取门店的优惠券，从而门店可以利用优惠券和福利单品吸引私域消费者再次到店。

古春堂的"凉茶一口闷"挑战活动还具有裂变作用，只要消费者邀请朋友参与活动，就可以获得更多抽奖机会。大型活动的影响力帮助品牌渗透不同圈层和不同的平台，与潜在消费者建立联系。当有消费者抽中优惠券时，门店可以通过标签功能筛选出中奖的消费者，通知消费者及时到店核销。

（3）高效经营私域，带动门店流量增加。品牌和消费者之间的深度联系不仅能带动消费者复购，而且门店在经营中的抗风险能力也会得到提高。门店在经营的过程中，可以通过私域流量撬动其他平台的流量，例如帮助门店外卖导流、联动别的品类推广，如图 11-5 所示。

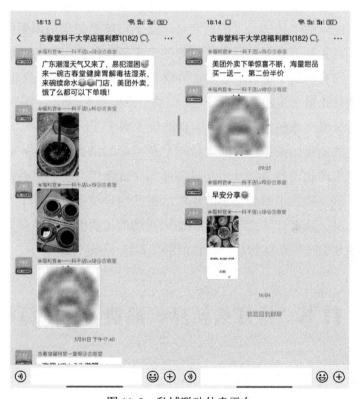

图 11-5　私域联动外卖平台

古春堂"以消费者为中心"的经营策略使品牌能够不断在私域发挥影响作用，构建门店和消费者之间新的消费关系。消费者不仅是消费者，还是活动传播者、品牌文化的共建者。古春堂利用私域的互动性和便利性，不断渗透各圈层的人群，让品牌渗透更多渠道。这不仅让更多消费者感受到品牌的真诚，还让线上消费者积极参与品牌互动，实现品牌表达，使品牌保持热度。

11.2 把关注公众号的粉丝，变成能互动的消费者

相较于其他行业，茶饮行业的消费群体更加偏向年轻化，这让茶饮行业的内容能力比其他餐饮细分行业的内容能力要高得多。当下茶饮品牌最好的内容阵地仍然是公众号。即使是在当今公众号打开率不足3%的时代，星巴克公众号的大多数文章仍然能保持"10万+"的阅读量。除了粉丝基数大的因素外，更多还是因为消费者愿意关注公众号，愿意做品牌的忠实粉丝。所以即便市场对星巴克褒贬不一，但星巴克积累了足够多的忠实消费者，品牌影响力也一直很稳定。

公众号是品牌最宝贵的私域资源之一，将公众号的粉丝引导为企业微信好友，可以让品牌更深层次地触达消费者，洞察消费者需求。

自动回复的消息、菜单栏、文章底部都是很好的消费者留存入口。品牌可以按照这样的流程添加消费者：让消费者先添加企业微信，再由企业微信邀请消费者进入互动社群，根据消费者扫进群码时所处的地理位置，引导消费者进入距离最近的门店社群。从而让这批愿意参与品牌互动的消费者更容易得知距离最近的门店活动，当他们产生购买想法时，也能够快速购买到产品。

11.3 推什么新品，消费者说了算

茶饮产品包含很多季节性原料，因此换季时也是茶饮品牌研发部门最头疼的时候。如今，茶饮行业的产品种类齐全，很难再有创新饮品出现。所以一些茶饮品牌就采用"返场"的做法，这样一方面可以减少新品研发压力，另一方面也可以延长一款季节性饮品的生命周期。

但是，哪款饮品更容易让消费者接受呢？除了调取以往的销售数据外，品牌还可以直接让消费者决定。私域流量池是一个绝佳的消费者意见调研渠道。

品牌可以设计一个投票活动，将往年这个时段推出的饮品设置为投票选项，让消费者票选，得票第一的饮品将会作为返场饮品填补新品空缺。此外，品牌还可以设置一个小福利，例如所有给第一名饮品投票的消费者可以获得返场饮品的5折券，其他消费者可以获得8折券，如图11-6所示。

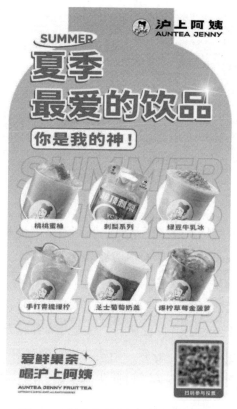

图 11-6 沪上阿姨夏季最爱饮品投票

这样一个简单的投票活动可以解决新品研发和选择的问题,也能够使品牌与消费者产生互动,更能够锁定一批消费者的复购。而且当饮料返场时,销量能够快速上涨,带动更多消费。

此外,门店还可以构建自己的 KOC 达人矩阵,在新品上线、新店开业、推出活动时,都可以定向邀请 KOC 参加,以发挥 KOC 的口碑传播作用。

11.4 互动不重样,社群里答题开奖

如果总是重复地给消费者发送饮品介绍消息,消费者总会有产生阅读疲劳的一天。而且当一个品牌采取的某个促销活动效果不错时,所有竞争者、同行都会争相模仿。因此,品牌在私域流量池中吸引消费者注意力的同时,还要不断满足消费者不断变化的精神、娱乐需求,如图 11-7 所示。

图 11-7　多种社群互动游戏

无论运营方式如何变化，最终还是要回归到消费者需要什么的问题上。因此，品牌可以在每天向私域消费者推送的内容中增加答题得优惠、抽奖抢好礼等活动（见图 11-8），以此满足消费者"找乐子"的心理。当然，只增加互动活动还不行，品牌必须告知消费者私域中新增了哪些好玩有趣的互动活动，体现出私域社群的全新价值，再发送活动让消费者参与，以提升内容打开率和消费者的参与率。同时，系统上的配合也要到位。最后，当消费者领取优惠券时，需要能一键跳转到点单页面，刺激消费者马上下单，以此提升优惠券的核销率，这也是费尽心思设计互动活动的原因。

图 11-8　沪上阿姨互动示例

根据相关数据，一些只做内容推送的私域社群的下单率整体呈现下降趋势，相邻两个月同比下降了3%；而新增了一些有趣的互动内容的社群，相邻两个月的下单率同比上升了近5%。由此可见，互动活动对提升下单率是非常有效的。

运营私域流量就是经营消费者，喜欢茶饮的消费者大多是年轻人，这群人有各种需求，门店要通过和消费者在线上互动洞察消费者的需求，让品牌充满人情味，帮助品牌在"内卷"的赛道里逆势突围。

11.5 沪上阿姨：秉持"顾客第一"的原则运营私域流量

沪上阿姨是我国茶饮行业的开创品牌之一，专注于为年轻人提供健康、好喝、平价的新式茶饮，截至2022年已在全国拥有超过4 000家门店，年销量超过1亿杯。作为茶饮行业的领头羊，沪上阿姨有着自己的经营标准，即秉持"顾客第一"的原则运营私域流量，持续提升为消费者服务的效率。

下面从沪上阿姨的私域流量运营整体规划、留存方案、转化方法3个方面入手分析其是如何运营私域流量的。

1 整体规划

沪上阿姨通过建立标准化流程降低人工成本，提升门店服务效率。沪上阿姨的标准化流程可以拆解为：门店规划、社群日常管理。

（1）门店规划。率先在一些区域的门店搭建私域流量运营体系，将门店的消费者引流到门店微信上，然后由总部统一管理社群，赋能运营。

（2）社群日常管理。日常发布活动，让社群成员感受到社群的价值。例如周一发布社群一周活动预览，周二发布朋友圈点赞抽奖活动，周四发放优惠券。同时，在这些活动中穿插新品宣发活动，以新品的优惠促活社群，增强社群成员的黏性。

2 留存方案

沪上阿姨在全国300多个城市共拥有4 000多家门店。在引流设计上，沪上阿姨把这些门店的资源利用起来，尽量将线下的消费者引流到门店线上微信中。

沪上阿姨的消费者以"90后""00后"的年轻人为主，他们的职业大多为白领或学生，他们日常通过在线上点外卖和在线下门店点餐两种方式购买茶饮。为了提升线上留存效果，沪上阿姨推出点餐可获得抽奖资格的活动。沪上阿姨的抽奖活动的奖品有单杯免单券和组合优惠券两种，如图11-9所示。

一般来说，有购买茶饮需求的消费者看到这样的活动，基本都会参与。消费者将抽奖活动分享给好友，还可多获得1次抽奖机会，如图11-10所示。组合优惠券可用于下次消费，这样一来就提升了门店的复购率。这些留存方案，沪上阿姨都会在区域门店试点，然后通过后台反馈的数据分析不同优惠券的使用率，最后得出最优的方案，再加大活动铺设力度，在全国的门店推广。

图11-9 沪上阿姨抽奖界面

图11-10 分享给好友获得1次抽奖机会

3 转化方法

要运营大规模的私域流量，有整体规划和留存方案还不够，还要有科学的转化方法，提升转化率。

（1）朋友圈点赞、答题活动。只要在沪上阿姨社群内的消费者，都可以参与朋友圈点赞、答题活动。消费者只需点赞某条特定朋友圈或完成答题，就能获得奶茶优惠券。这个活动可以对处于消费冷淡期的消费者形成刺激，也有利于推广特定的产品。

（2）社群抽奖和神券放送。只要在沪上阿姨社群内的消费者，周二都可以参加抽奖活动，从而有机会获得神券。这个活动可以逐渐培养消费者的消费习惯，和其他茶饮店形成差异。

沪上阿姨在做这些转化活动时始终遵循着"吸引消费者注意—引出产品—给

出优惠"的转化逻辑。

（1）吸引消费者注意。吸引消费者注意主要是获得消费者的持续关注，除了在社群中互动外，还要利用各种节日或重要时间节点蹭热点。如果无法在特定时间节点推出让消费者记忆深刻的活动，那么门店一定要重视每天与消费者在社群中互动。

（2）引出产品。引出产品是指在缺乏运营人力的条件下，用系统来唤醒沉睡的消费者，即根据不同消费者的喜好，分类经营，给不同消费者推送不同产品，以实现精细化营销。

（3）给出优惠。给出优惠相当于帮助消费者做选择。现在，市面上的茶饮店越来越多，而给出优惠相当于利用消费者贪小便宜的心理，给消费者一个下单的理由，提升社群消费者的转化率。

沪上阿姨的社群中还会有新品宣发活动。在社群做新品宣发和在区域试点门店做的效果是一样的，都可以快速帮助新产品调整方向，而且社群中的消费者更精准，建议也会更有价值，如图11-11所示。

图11-11　社群新品推荐

此外，沪上阿姨还会邀请一些消费者做新品体验官，只要消费者给出反馈信息，就能获得一些福利优惠。

社群的存在，给了品牌和消费者一个双向交流的空间，提高了消费者的存在感、成就感，强化了品牌和消费者的关系，构建出一个以消费者体验为主的私域流量运营体系。

11.6 桃园三章：平衡总部与加盟店，订单转化率达 40%

门店做私域流量运营，是为了让消费者多次购买。茶饮作为一个以加盟为主要发展形式的行业，私域流量运营的落地会存在一个问题，即总部想要通过培育复购消费者提升加盟店的营业额，而加盟店会认为总部在抢门店的消费者所有权。下面以桃园三章为例，详解如何平衡总部与加盟店对消费者的所有权。

桃园三章在 2019 年成立，门店主要分布在广东、广西地区，目前有 500 多家门店，核心产品是茶拿铁，产品价格从 6 元到 17 元不等。2021 年 8 月，桃园三章开始运营私域企业微信社群，8 个月的时间，获得了 50 多万个私域消费者。得益于社群运营对锁客和刺激消费者复购所起到的效果，目前社群成员的月度订单转化率已经达到 40%。

最开始做私域流量运营时，桃园三章的期望值并不高，在整个过程中也遇到诸多阻力，很多工作都需要督导部门的协助才能在门店中落实。

很多品牌的私域流量运营工作完全交给技术部门或者运营部门负责，而在运营私域流量时，品牌还需要打通品牌部门和督导部门，这在无形中会增加沟通成本以及牵扯业绩划分问题。而桃园三章的私域运营部门没有销售 KPI 指标，该部门的价值在于建立品牌形象的同时，帮助门店实现业绩提升。运营部门通过向督导部门讲明白私域社群的价值，以及这些工作能给门店业绩带来的提升，让督导部门协助门店做好私域流量运营工作。

在业绩划分时，私域流量运营业绩会归于门店的总业绩，门店业绩则归督导部门。私域运营部门就相当于一个协同部门，提供给门店提升业绩的解决方案并推进落地。也有一些加盟店为了避免总部抢走顾客，而用自己的企业微信号重新建群。这种情况很难避免，这就需要督导部门在和门店沟通时，明确告诉他们社群是属于他们的，只是品牌能帮助他们进行日常运营、信息发布等，减轻门店的运营压力，站在利他的角度为门店思考。

桃园三章80%的私域消费者来源于线下门店，其余来源于裂变拉新、公众号、抖音和美团等渠道。消费者画像是16～25岁的女性群体，以大学生、职场白领为主。线下门店会通过买一送一、第二杯半价等活动，引导消费者进入社群。用这些活动为门店稳定引流，消费者进群领取优惠券后，门店还要提醒消费者使用优惠券，以此促成复购。当门店增长趋于平缓时，桃园三章会开展裂变活动，刺激社群中的消费者消费。例如桃园三章开展的某一次裂变活动，用40杯免费奶茶收获了5 000多个新消费者，获客成本仅为0.12元/人。

每个月桃园三章门店社群中的订单转化率在40%左右。桃园三章的小程序是成交平台，公众号和社群是流量存储平台，社群、公众号、小程序形成了一个流量转化闭环。公众号粉丝会进入社群，而社群活动有参与门槛，例如关注公众号才可以参与等。截至2022年4月，桃园三章公众号的粉丝已经超过了30万人，这得益于桃园三章私域流量运营工作做得出色。

小　结

茶饮行业具有高频、高复购的属性，品牌只需要在社群中略作运营，就可以带来极好的复购率以及业绩。同时，由于茶饮行业中的消费者大多较为年轻，这些消费者是移动互联网的重度用户，且具有极高的社交互动主动性，因此对他们进行私域流量运营的难度相对较低。茶饮门店可以通过以下3个措施在私域中经营消费者。

（1）花式派券，锁定消费者多次复购。

（2）跨界异业合作，持续提升品牌力。

（3）阶段性策划，调动消费者参与度。

茶饮连锁品牌务必重视私域流量运营体系的建设，它除了可以为门店带来业绩增长外，还可以为后续活动的开展做流量储备。年轻人是消费的主力军，茶饮品牌要针对年轻消费者的需求和痛点，设计具有情感价值的产品，并用精细化的服务获得他们的喜爱，占据他们的心智。

第 12 章 烘焙行业的私域破局打法

艾媒咨询的相关数据显示，2021年，中国烘焙行业的市场规模达2 600.8亿元，同比增长19.9%，2023年，中国烘焙市场规模预计达到3 069.9亿元。由此可见，烘焙行业的市场规模很大，未来仍然具备较大的发展潜力。但近几年，很多烘焙门店的日子却并不好过。

2018年，美团发布的一组数据显示，当年有8万家烘焙门店关闭。到了2020年，烘焙门店更是过得异常艰难，原麦山丘、克莉丝汀、宜芝多、可颂坊、85度C等烘焙品牌都陷入关店困境。曾经门前排长队的"网红"门店有的正逐渐淡出公众的视野，有的已经完全销声匿迹了。

然而，在一些品牌面临巨大挑战的同时，另一些通过研发差异化单品、拓展线上销售渠道、改变技术和管理方式的新品牌却风生水起。在市场红利下，标准化程度高、可实现连锁化经营的烘焙行业也受到了投资者的追捧。消费者结构和销售形式正在新经济的催化下悄悄发生变化，烘焙行业正加速洗牌。

12.1 3招脱颖而出，把小区路过的消费者拉到社群

很多时候换了一个行业，同一件事情的方法论就会变得不一样。烘焙门店的私域流量池更具社区属性，即服务的是周边小区的消费者，覆盖范围有限，因此留存消费者时要注意方法。小区周边的烘焙门店，可以尝试用以下3招将消费者拉进社群。

（1）用低成本的方式把路过店门口的消费者拉进线上的私域社群中。门店将消费者留存到线上后，就使得门店和消费者的弱连接关系变成强连接关系，从而门店能够高频地跟消费者互动。自有的线下场景的物料，例如店里的展架、台

卡等，都是很好的宣传载体。

烘焙门店可以让服务人员随口强调一下，例如"进入门店社群，免费送蛋挞"，付出 2～5 元的成本，就能够把到店的消费者吸引进社群。门店也可以通过线下活动留存消费者，例如门店可以举办一场新品上市试吃活动，在周边小区业主群扩散，吸引消费者前来店里试吃购买。然后在消费者到店之后，引导他们加企业微信进入社群，并告知他们社群中的消费者购买新品可享受 8 折优惠。

（2）和消费者产生一次交易。产生一次交易之后，消费者就有可能对门店产生信任。门店可以以低客单价商品作为诱饵，让消费者先体验一次在社群里消费的感觉，同时门店还要给予消费者正向的反馈。这种方式的试错成本很低，但是可以让消费者快速付钱，消费者付过钱之后，也会增强对门店的信任。

低客单价的商品也可以是虚拟的权益，例如花费 19.9 元即可获得 10 次 5 折买面包的权益卡。10 次 5 折的特权帮助门店提前锁定了一部分消费者，因为消费者总会有买面包的需求。而对于消费者来说，花 19.9 元买个权益卡，10 次买面包都能够享受 5 折优惠也是很划算的。但是前提是消费者要加私域店长的微信，或者进专属的特权群，才有资格买这个权益卡。只要消费者进入门店的私域中，门店就可以在后续的活动中持续影响消费者，提升消费者产生更多交易行为的可能性。

（3）周期性地在线上开展互动活动。例如固定地在每天晚上 9 点开展面包清仓活动，在晚上 9 点购买面包的消费者可享 7 折优惠。门店要将当天没有卖完的产品在社群里实时播报，让群里的潜在消费者在线下单抢购，这样既可以活跃社群，又可以帮助门店清库存。门店还可以把每月的固定一天设置为特色的节日，如将每月 16 号设置为"菠萝包主角日"，消费者只要在社群里预约购买菠萝包，在 16 号这天就可享受买一送一的优惠。

12.2　店里不好卖的小糕点，在线上秒变爆款

某烘焙门店推出了新品蔓越莓绿豆糕，味道很好，但没有太多人购买，因此这家门店就准备在一个月后下架这款产品。这在食品行业并不少见，新品不受欢

迎，可能是口味没迎合消费者需要，也可能是宣传没做好。

如果是后者的原因，那么事情依然存在转机。首先，这家门店可以设计一个在社群中售卖爆款的方案，拍摄一组漂亮的蔓越莓绿豆糕照片，经过简单排版处理后，就形成了这款蔓越莓绿豆糕的宣传图。

其次，设计活动。由于之前已经做好了消费者留存的工作，现在这家门店拥有很多私域社群，因此也就有了宣传渠道和宣传对象。这家门店可以设计"4块蔓越莓绿豆糕双人拼团价 7.9 元"的活动，尽可能让群里的人互相成团，增加购买量，如图 12-1 所示。

图 12-1　门店私域推广爆款活动

最后，提前一天将活动方案发送到门店的私域社群和企业微信朋友圈做预热，提醒消费者第二天 11 点开始拼团抢购。到了第二天上午 10 点也继续预热，让消费者关注社群动态，这时候已经有消费者在社群回复表示期待了。到了 11 点，定时上链接。用这样的方法，这家烘焙门店仅用了不到 10 分钟就销售了 100 多份蔓越莓绿豆糕。

很多消费者进店时可能看不到蔓越莓绿豆糕，不知道有新品上市了。但如果在社群里推广，大家热热闹闹地讨论，氛围到了，愿意尝鲜的人也就多了。当然，烘焙门店还是要先将路过自己门店的消费者留存到自己的社群中来，从而可以主动和消费者互动，促使消费者购买。

12.3 小区品牌也是能影响消费者决策的品牌

如果一个小区只有一家烘焙门店，那么这家店的生意肯定不会差，每天的库存基本都能清完。但是如果一个小区有两家或者 3 家烘焙门店，那么情况就不一样了，消费者会从思考"今天买什么"变为思考"今天去哪一家购买"。这就使得门店与门店之间开始比拼味道、种类、服务，如果优胜劣汰还好，做得好的门店不用担心自己的地位被撼动；但如果各家门店旗鼓相当，最后打起价格战，那么对门店来说，这是最大的危机。所以，小区中的门店建立品牌，既是未雨绸缪，也是在增加自己的竞争壁垒。下面是小区中的门店建立品牌的一些方案，给大家提供一些参考。

（1）提前锁定消费者需求，提供打包自提服务。在每天晚上临近下班时，门店可以群发一条内容询问消费者第二天想要购买什么面包或蛋糕，一一记录好，然后提前制作并打包好。这样就相当于提前锁定了消费者，到第二天消费者只需要到店自提即可。这个方案有利于门店在消费者心中建立起服务好的认知，而门店也可以根据预定情况确定哪款产品卖得好、哪款产品需要改良或下架。

（2）社群定时清库存。几乎每家烘焙门店每天临近闭店时都会进行买一送一或者买五送一的短暂促销，这个做法在超市生鲜区也经常见到，这是为了尽可能清掉当天的库存避免浪费，也是为了尽可能多地增加营业额。但是，不管怎么降价，总会有卖不完扔掉的情况。这时门店可以在晚上开始清库存时，把消息发到私域社群中，目的是尽可能让更多消费者知道，吸引他们购买。门店也可以只针对社群中的消费者开展清库存促销活动，从而让消费者认为这是社群的专属福利。这个方法既能使门店的库存问题得到解决，也能充分调动社群的活跃度和消费者的参与积极性。

12.4 味多美：社群预热做抢购，场场都是爆款

烘焙门店一直想解决一个问题：怎么在短时间内把产品更快地卖出去？这是

烘焙门店的重要经营指标，因为烘焙门店的产品保质期很短，卖不出去就要被扔掉。为了卖得更快，味多美每 3 000 米必有一家门店，深入居民社区。但加速开店，依旧不是门店最快售卖产品的方式，因为门店始终无法确定每天该生产多少产品，可以卖出去多少产品。

味多美在私域中经营消费者，掌握流量主动权，拉近消费者和门店之间的距离。味多美对私域流量运营做了长期的规划，将其大致分为留存、经营、增长 3 个阶段。

1 留存阶段

（1）引流场景：门店积累私域消费者。

（2）引流形式：扫码领券。

（3）引流亮点：先领券再消费。

味多美门店在积累私域消费者时，没有花费广告投放成本，流量基本都来自线下门店。所有进店消费的消费者，最后一定都会去门店的收银台。而味多美针对线下门店设计了一个专门的优惠券礼包，通过物料铺设和店员引导，让消费者扫描物料上的二维码，添加店长的企业微信，然后点击欢迎语中包含的链接领券。根据相关数据，味多美单店 4 天累计引流 5 000 多位消费者。味多美私域留存路径如图 12-2 所示。

图 12-2　味多美私域留存路径

2 经营阶段

在经营消费者阶段，味多美为了培养消费者到店消费的习惯，设计了周期性爆款促销活动。活动之所以是周期性的，主要有以下两个原因。

（1）消费者的消费行为具有周期性。迎合消费者的习惯，门店可以用最小的成本实现比较好的经营效果。

（2）一直做活动会拉低门店的平均客单价。消费者对产品的价值感会被长期活动拉低，所以味多美只在社群中做周期性活动，间接培养消费者的消费习惯，让消费者习惯在社群中享受一定的福利优惠。

3 增长阶段

所有在味多美的私域中消费过的消费者，味多美会标注其喜好，进行针对性的营销。例如对于每周复购高达 4 次的会员，味多美会给其打上标签，不定时一对一向其推送相应产品的优惠活动。

为了实现私域流量的增长，味多美针对私域社群中的消费者策划了 4 个促销活动。

（1）七夕蛋糕秒杀：以限量秒杀为产品做宣传曝光，带动门店销售额的增长。

（2）家家乐套餐阶梯团（见图 12-3）：消费者参与阶梯拼团活动，能够带动更多身边的好友参与拼团。

图 12-3 味多美家家乐套餐拼团活动

（3）盛夏乐园蛋糕拼团：通过拼团活动，结合 25 周年庆主题，活跃私域消费者。

（4）绿豆糕拼团：推广夏季新品，活跃私域消费者，并转化成交。

味多美私域活动中的产品，大多是节日限定款，这些产品的价格会比平日的价格低。在使用规则上，味多美会对产品优惠券或拼团券码设置1天核销期，通过咚咚来客的功能，消费者到店消费后自动核销。在核销时间上，味多美设置为淡期的周一，目的是让私域的消费者尽量在周一到店，带动淡期的营业额。

在开展这些社群活动前，味多美都会提前1天通过朋友圈、社群对活动进行预热，引起消费者好奇心，让消费者有着极高的期待值。活动当天，味多美会在社群首发活动链接，并视抢购情况调整朋友圈推送时间、内容。库存即将售罄时，味多美会在社群提醒潜在消费者下单。活动第二天，视销售情况确定是群发，还是通过私聊的形式一对一推送活动。活动第三天，进行活动倒计时，表明库存数量不多，制造稀缺感来刺激消费者下单。

味多美的消费者增长主要来源于私域消费者邀请好友。在私域流量运营过程中，味多美通过咚咚来客的砍价功能设置活动，驱动老顾客邀请新顾客，老顾客邀请朋友参与就可以获得一定优惠，如图12-4所示。

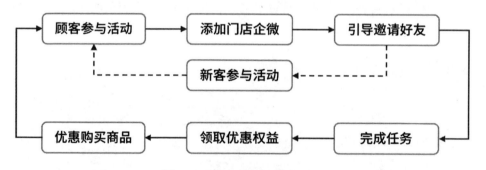

图12-4　味多美私域活动设计

在消费者增长阶段，味多美开展社群促销活动的内在逻辑如下所示。

（1）增长场景：朋友圈分享邀请。

（2）增长形式：咚咚来客营销功能。

（3）增长亮点：阶梯式价格。消费者邀请新顾客的数量不同，所享受的优惠价格也不同。消费者邀请的人越多，所能享受到的购买商品的价格越低。

因为糕点的需求比较日常化，价格也实惠，味多美社群中的消费者都愿意主动将活动分享到朋友圈。因此，其整个私域社群的裂变速度是非常惊人的。在3个月时间内，味多美门店的私域社群拉新了22 824位消费者。

12.5 燊辉燊麦：群里一场活动卖10万元

燊辉燊麦是一个连锁烘焙品牌，从2006年开设第一家门店起至今，已在湛江、茂名两地开设了40多家门店。然而，虽然在湛江、茂名两地这个品牌已经家喻户晓，但是每当有其他新品牌门店开业时，燊辉燊麦门店的生意总会受到一定影响。因此，燊辉燊麦做私域流量运营的目的很明确，就是能有一个稳定的销售渠道，并且增强消费者的黏性。

于是在获客留存环节，燊辉燊麦设计了"5.9元秒杀12个老婆饼""2.9元秒杀蛋黄酥"等活动，并制成台卡和海报放在店里，引导到店消费者添加企业微信获取优惠链接，做好消费者的留存。然后，在向添加了企业微信的消费者发送的欢迎语中，附上社群二维码引导消费者进入社群，完成销售渠道的构建。由于燊辉燊麦成立时间较长，因此积累了很多忠实的消费者，其中不乏一些年纪较大的消费者。但这些消费者对于线上购买的操作并不熟练，所以燊辉燊麦每周会在线下再进行秒杀和抽奖活动。同时，做好线上购买操作指导，尽可能让所有消费者逐渐习惯在线上参与活动和下单购买，以此来提高私域的活跃程度。

在活动开展了几个月后，燊辉燊麦已经拥有大批忠诚的私域流量。"双12"即将到来，正好是门店提升销量的好时机。燊辉燊麦分两个阶段开展"双12"活动。

第一阶段是预热期，用"面包+热饮"组合套餐进行拼团预售，推出了两个套餐供消费者选择，拼团的形式也更好地推动了活动传播，如图12-5所示。由于是预售，因此门店可以根据预售订单数量备货，也为接下来第二阶段的活动做好准备，提前调动消费者积极性，储备意向消费者。

第二阶段是重磅款的销售。燊辉燊麦选用了新品蛋糕"芋泥相遇"作为主打商品，并设计了一套分销逻辑，即引导第一阶段已经有意向的消费者在购买之后进行转发，在其他消费者购买之后，分享链接的消费者就能赚到分销佣金，如图12-6所示。燊辉燊麦以让利给消费者的形式促进活动传播，进一步增加了销售量。

活动结束后，燊辉燊麦的运营数据非常好。短短几天时间，5家门店的总销售额就达到了10万元，这在以往的活动中并不多见。

图 12-5 "双 12"拼团预售

图 12-6 "双 12"分销活动

小　结

大多数烘焙门店背靠社区，把小区的住户留存在门店的私域中，就完全可以支撑一家烘焙门店的正常运转了。小区就是稳定的流量入口，烘焙门店要设计好流量留存的路径。

首先，烘焙门店要把路过的消费者转化成可以在线上强连接的私域流量，而试吃、发放优惠券等活动都是很好的留存消费者的契机。

其次，根据小区的人群特点设计产品。大多数烘焙门店的产品大致相同，如果烘焙门店能根据周边小区人群的消费习惯、年龄分布、口味偏好设计更有针对性的产品，那么消费者会感觉到产品更人性化，从而更愿意埋单。

最后，举办周期性的营销活动。烘焙门店可以周期性地在附近的小区"刷存在感"，使消费者加深对门店的印象，使门店成为消费者心中的首选。

烘焙是一个极其有想象力的品类，市场发展空间还很大。运营好私域流量，和消费者构建牢固的信任关系，实现高复购率，是烘焙门店能够提升竞争力的有效方法。

第 13 章
美业的获客难题，私域运营策略解析

美业和其他行业最大的差异是美业的消费者决策周期和服务周期非常长。变美是消费者的刚需，但是通常情况下消费者的要求也非常高。

以美容门店为例，近几年来，美容门店会通过设置一些免费的体验项目，如小气泡深层护理、去黑头、皮肤深层补水等，先让消费者体验，再让美容顾问对消费者的皮肤状况进行诊断。或者由具有丰富专业知识的美容技师在服务过程中指出消费者的皮肤问题，给消费者推荐合适的项目，激发消费者的需求，促使消费者购买。无论服务的过程如何，美容门店一般都是通过免费或者低价的体验项目和消费者建立初步的联系，让消费者体验门店的产品和服务，再将其转化成长期消费者。这是一个比较长的获客链条，但目前这种方式依然是美业门店最有效的获客方式。

美业门店一定要做好到店消费者的私域留存规划，因为美业门店每一次获客的成本都非常高，如果没有把消费者留存在自己的私域流量池中，那么门店的损耗就会很大。所以美业门店要构建私域流量运营体系，配合消费者的决策周期，慢慢对消费者做内容和服务的触达。这也意味着美业门店的私域流量运营更依赖于一对一的导购服务，并且由于价格较高，消费者在选购产品和体验服务时，会更看重效果和感官上的体验，这就决定了美业门店的私域流量模型为"知识+服务型"。

13.1 打造知识型 IP，卖产品之前先培育信任，每周一次视频号讲座

美业门店的消费者决策周期很长，而让消费者直接体验就是最好的产品介绍。所以美业门店在线上利用朋友圈、小程序、公众号宣传获客时，要更加注重内容

传递，因为服务型门店的产品一定要结合消费者的需求来传递价值。

例如广东一家美容门店在做宣传时，设置了一个免费的人气体验项目，吸引线下消费者到店体验。只要消费者进入门店体验项目，门店就会引导消费者添加美容顾问的企业微信，和消费者建立初步联系。在美容行业，服务人员用微信向消费者提供咨询服务已经是司空见惯的操作，一般来说，消费者也不会抗拒。由于美容门店的理疗项目通常会有 8～10 次服务，是一个长周期的服务过程，其中涉及很多注意事项，而将消费者引入门店的私域中，门店可以为消费者提供专属服务，例如提醒消费者下次服务时间、帮助消费者预约到店时间、发送日常护理注意事项等。

美业的属性注定了消费者的消费是周期性的，不会天天到店。因此门店也可以改变策略，通过在线直播和门店私域运营相结合的方式，向消费者介绍产品和服务。

因为很多消费者对于美容等知识都是一知半解的，因此他们需求高的同时，怀疑度也很高。对于美业门店的消费者来说，干货知识型的内容具有很强的吸引力。因此门店需要将自己打造为知识型 IP，向消费者输出美容等相关知识，证明自己的专业程度。美业门店还可以在商品详情页上附上护肤知识、商城等链接，打造门店的专业形象，吸引消费者到店消费。

美业门店可以利用不同的获客渠道规划内容体系，触达消费者。在自己的私域社群中，门店可以每天更新一些养护小技巧，做好对消费者的内容输出，例如向消费者讲授如何做好日常护肤。门店一定要用内容做好客情关系维护，建立与消费者之间的联系。

美业门店还可以利用微信的视频号和消费者互动。例如利用直播的形式，每周固定进行一次讲座，向消费者输出专业的护理技巧、养护知识等内容，向消费者展示自身的专业度，为消费者带来更多关于美业的专业性知识。

某美业门店就是利用视频号直播的方式，每周固定开办讲座，直播观看人数最多的时候高达上千人。同时，因为微信视频号可以和门店的私域社群打通，因此在直播时，门店就可以引导消费者进入门店的私域社群。

当消费者进入私域流量池中后，美业门店可以再向有某类需求的消费者提供有针对性的服务，形成公域和私域的流量闭环。例如消费者想要美白，就将其拉进美白的社群，不同的消费者都可以在社群中交流。门店也可以将服务消费者的日常照片发布在私域社群中，通过老顾客的美容效果吸引更多消费者到店体验。

利用"固定直播讲座＋私域流量运营"的方式，该门店几乎每个月都能从公域平台引流几十位潜在消费者到店体验。该门店用低成本的方式提升客流量，打通线上的获客渠道。

13.2　集客营销带动销售转化，口腔医院主动出击

随着大众对口腔卫生以及牙齿健康问题日趋重视，口腔医疗市场正在成为广受追捧的蓝海市场。但口腔医院的获客成本很高，并且竞争非常激烈。

鉴于此种行业环境，口腔医院可以采用集客营销的方式带动门店的营收增长。口腔医院可以通过为私域消费者量身定制有价值的内容和体验吸引消费者，主动寻找消费者并和其建立联系，解决他们已经存在的问题。例如在私域社群中，口腔医院可以提供免费的问诊服务解决一些消费者的痛点，用好的服务促使消费者产生更多消费，如图 13-1 所示。

图 13-1　口腔医院提供免费的服务吸引消费者

而口腔医院集客营销与传统社群营销存在很大的区别。集客营销是利用交流互动的方式主动和消费者联系，传递服务价值达到帮助消费者解决难题的目的，从而让消费者愿意来到线下门店成为产品的使用者。

有价值的内容能长时间占据消费者的心智，市面上很多品牌都是通过内容营销的方式提升品牌形象，而像口腔医院这类重服务型的门店，需要用更多优质的

内容开辟出一条道路，吸引消费者的目光，体系化经营医院私域流量。

什么是有价值的内容呢？简单来说就是消费者需要什么，门店就提供什么；消费者有什么问题，门店就提供解决问题的方案。所以有价值的内容一般有以下两个特征。

（1）引起消费者的共鸣。内容要能够吸引消费者的注意力，增加记忆点并诱发圈粉成果。无论是积极的情绪，还是消极的情绪，都能成为驱动力。例如，口腔医院可以调动消费者对健康的忧虑，引导消费者对健康进行自查，如有不适之处催促其尽快就医。

在设计内容时，口腔医院可以根据不同的内容维度规划一些趣味性的内容，增加内容的可读性，这样也显得医院和消费者之间的距离更近，让医院的形象更有温度。

（2）提供有用的干货。内容可以是增长见闻知识型的，也可以是日常生活中的实用小技巧。总之干货越多，越有趣味，越能吸引消费者的注意力。口腔医院可以每周在公众号中分享保护口腔健康的原创文章，这样的文章可以是小贴士，也可以是培养口腔健康的好习惯，总之要让消费者感受到价值。

传统的口腔医院在服务完消费者后只在短期内发送回访短信，或者干脆置之不理。而现在口腔医院需要让老顾客进入门店的私域流量池中，设置好生命周期管理，周期性地对消费者进行关怀。

例如，口腔医院可以在消费者看病后7天、1个月或半年的时间节点对其进行电话回访，询问该次治疗的效果以及是否出现不适症状。门店需要让消费者感受到关爱，增强相互之间的情感联系，当消费者后续再次出现相关症状需要选择口腔医院的时候，在私域服务过消费者的医院就更容易成为消费者的第一选择。

13.3　广告投放叠加私域流量运营，医美门店的3倍增长

医美门店的经营离不开广告投放。但是随着市场竞争日趋激烈，很多消费者觉得铺天盖地的宣传基本上都是商家之间在"砸钱"博弈，根本不能体现产品的优劣。因为太多的信息量导致消费者没有办法判断一家医美门店产品的好坏。

单一化的线上广告投放给医美门店带来的营销效果越来越差。怎么打破医美

门店投放获客的僵局呢？医美广告作为医疗消费中的一环，其核心在于以信任为纽带解决消费者的问题。广告投放前期的作用只是吸引消费者关注，但是并不能让消费者作出产生交易的决策。

例如有的医美门店选择在小红书上进行推广，让 KOL 撰写描述医美门店环境以及服务的笔记，吸引年轻女性前往消费；有的医美门店选择让 KOL 在线为潜在消费者提供咨询，切实解决消费者的一些问题和疑惑；还有的医美门店在 B 站对服务过程进行直播，展现过硬的技术和良好的服务。这些推广方法都是通过提升消费者对医美门店的信任，为医美门店带来精准的客流量。

"广告投放＋私域流量运营"能很好地弥补消费者信任感缺失的问题。在私域中，通过和消费者互动，门店能够构建起消费者对品牌的信赖，吸引更多消费者到店。

某医美门店利用广告投放叠加私域流量运营的方式，实现了门店客流量 300% 的增长。这家医美门店把消费者留存在私域中后，并没有立即开展活动，而是通过咚咚来客和消费者互动，并通过产生的后台数据洞察消费者的消费习惯。通过消费者聊天的内容，门店可以清楚地了解到消费者的真实感受和硬性需求，例如高复购消费者集中消费的项目类型、客单价等，从而门店可以针对性地将一些爆款项目进行组合，再适当降低价格，实现引流。

前期了解完消费者的需求后，该医美门店就开始策划私域中的活动，给私域消费者增加趣味性。该医美门店在私域中利用诸如邀请有礼、幸运大转盘、翻牌拆盲盒等活动，在向消费者推广高性价比商品的同时发放优惠券，以提高成交率。

该医美门店做活动时，每次挑选的都是日常复购率高、好评率高的项目或商品，这样既可以提高单品的销量，又可以提供组合式的套餐提高客单价。在私域中，该医美门店还会周期性地推出爆款秒杀活动，例如爆款单品限时抢购活动，以及每周上线一次全部项目 4 折购活动。

而对于重要的消费者，该医美门店会一对一发出邀请，同时根据活动内容，适当给予消费者高端商品的专享优惠，例如 0.01 元抢购 1 800 元美肤大礼，赠送满 3 000 元减 300 元的优惠券等。该门店通过"公域引流＋私域流量运营"的方式，获得了单店 1 小时 20 万元的好业绩。

医美门店在公域花费了大量时间和成本后，最后一定要将消费者导流到私域中，让品牌、商品和消费者建立起密切的联系，并且保持良好的互动，突破客流量下滑的困境。如果医美门店没有办法留存消费者，那么即便广告投放给门店带来再多的流量，也都是无效的。

13.4　多人同行方案：闺蜜体验卡，形成老带新

美容行业的消费者绝大多数是女性，而绝大多数女性都有自己的闺蜜，美容行业的私域裂变机会由此而来。门店可以向已在本店消费过的女性赠送闺蜜体验卡，形成老带新，吸引自己门店的消费者带上闺蜜前来体验服务。这种方法其实就是另一种形式的口碑转介绍，但必须是在做好私域流量精细化运营以及产品和服务足够优质的前提下，才能有具体的效果。

某轻医美综合美容门店将消费者锁定在年轻的网红、KOL，这类人群美容需求旺盛、消费频次高、拥有一定付费能力，同时她们社交圈子中的好友是精准度较高的门店潜在消费者。因此，该门店在咨询和服务环节上，除了做到提供专业化的建议和定制化的专属服务外，还主动收集国外以及国内一线城市顶尖网红的成名经验，整理成干货作为会员专属增值服务提供给这些消费者。该门店也会不定期和KOL机构合作，开展一些线下沙龙分享交流活动。也就是说，在这家店里，消费者不仅可以享受美容服务，还能够学习如何当好一名网红。因此，这家门店好评如潮，私域消费者对门店的忠诚度也特别高。

当该门店推出闺蜜体验卡时，这些忠实的消费者十分愿意帮助门店推广，同时也愿意带着自己的闺蜜一起去门店享受服务，这给门店带来了很多优质的消费者，使门店的私域流量池进一步扩大。

此外，这家门店还建立了分销机制，邀请消费者成为门店的合伙人，利用网红、KOL的粉丝效应，让她们在朋友圈、小红书、直播间宣传推广门店的产品和服务。这一做法为门店带来更多的客流，也为私域带来源源不断的流量。

该门店对不同的合伙人再进行等级划分，吸粉能力强的消费者可享受更高额的佣金奖励。该门店通过邀请消费者参与门店的经营，和消费者合作共创了一些玩法，从而实现了更好的消费者留存。

13.5 奈瑞儿：单门店获客率增长 128%，获客成本仅需 1.6 元

奈瑞儿是一家美容科技公司，成立于 2007 年。10 多年间，奈瑞儿的连锁门店逐步扩张至北京、广州、深圳、杭州等 9 个城市，业务领域涵盖生活美容、医疗美容、健康管理等全品类美容业务。奈瑞儿的所有门店年服务消费者超百万人次。

奈瑞儿作为美容行业的头部品牌，消费者满意度一直是品牌工作开展的核心指标。为确保门店产品与服务的优质，奈瑞儿对旗下 200 余家门店都采取的是直营的经营方式。

奈瑞儿的所有门店都很注重引导线下到店的消费者添加店长的企业微信，从而在私域中经营消费者。奈瑞儿相信，私域流量对于品牌而言具有长期价值，非常契合自己的业务形态。奈瑞儿私域活动的拉新率在 128% 左右，社群复购率达 89%，门店的私域活动日常参与人数均在 1 000 左右。奈瑞儿的私域运营布局如图 13-2 所示。

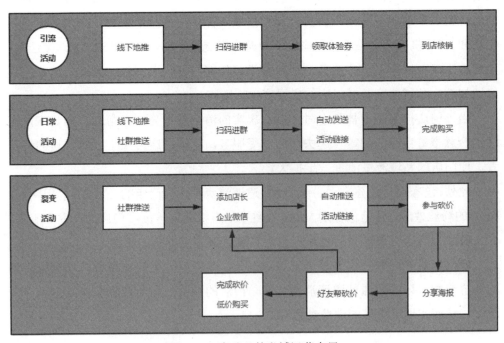

图 13-2　奈瑞儿的私域运营布局

第13章　美业的获客难题，私域运营策略解析　　185

在奈瑞儿看来，美业行业的消费者非常重视服务，所以品牌的私域流量运营活动分为两类：日常运营活动和周期裂变活动。

门店通过利用现有的资源满足美业消费者的一些基础需求，来维护其与消费者之间的关系。活动内容主要包括调养、化妆、美容护肤等消费者日常性需求。周期裂变活动是为了提高门店的营收增长率、消费者复购率和转化率，进一步增加门店的消费者数量，刺激私域消费者到店消费。

美业行业的消费者的消费习惯具有强周期性和目的性两大特点。要成功转化消费者，就要让消费者感受到服务的高质量，所以在美业行业中，从消费者进店到转化需要一个较长的过程。在这个过程中，新客福利就是门店触达消费者的第一个触点，奈瑞儿新客首单福利如图 13-3 所示。

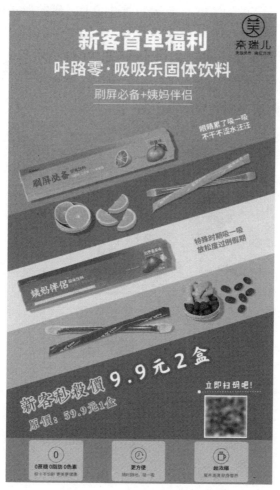

图 13-3　奈瑞儿新客首单福利

在运营初期阶段，奈瑞儿通过线下地推活动，先邀请潜在消费者到店免费体验，后续引导消费者添加门店企业微信，将他们沉淀在私域中。同时，在私域社群中，奈瑞儿会策划固定的福利活动，持续维护品牌和消费者的关系，逐步提升消费者对品牌的信任度。

为了凸显品牌私域社群的价值，提高消费者黏性，奈瑞儿将"9.9元秒杀女性营养伴侣仙女棒"设置为福利活动，仅限私域社群内的消费者参与，同时用每位消费者限购一份的规则制造稀缺感。

这种轻量级的日常活动可以帮助门店筛选出消费意向较高的消费者，并在后台给消费者打上标签，以方便后续门店活动的开展。

美容行业的人均获客成本在100元左右，要实现低成本精准获客，驱动原有消费者裂变拉新是很有效的方式。奈瑞儿通过线上裂变的形式使门店人均获客成本低至1.6元。

奈瑞儿的门店运营人员根据后台的消费者反馈情况，在策划"520"活动时选择了女性的高频用品——面膜作为活动诱饵，只要消费者参与活动邀请好友砍价，即可获得0元购买面膜的资格，如图13-4所示。

图13-4 奈瑞儿的"520"活动海报

奈瑞儿选择"520"这个有特殊意义的日子作为营销节点，同时为了更精准地触达目标消费者，不误伤其他消费者，奈瑞儿只将活动推送给在私域社群中参与过品牌活动的消费者。奈瑞儿将活动的门槛设置为：邀请5人，即可领取99元的面膜。这既保证了整体获客精准度，又节省了50%的门店获客预算，门店平均拉新成本仅为1.6元。

奈瑞儿在这次活动中还设置了员工分享通道，即给供员工推送的海报上附上能够识别员工工号的二维码，激励员工分享活动海报。在新顾客添加门店的企业微信后，顾客的成交额与员工的业绩挂钩，这正向促使员工不断提升服务质量，做好消费者拉新和维护工作。而裂变带来的所有新顾客都会进入品牌的私域社群中，门店在后续会通过社群活动反复触达社群中的消费者，促成转化。

通过本次裂变活动，奈瑞儿准备的200份库存当天就没有了。活动宣发社群总人数达779人，参与人数1 086人，参加率139%。本次活动共拉新2 696人，这对于美业门店来说是一个非常可观的数字。

小　　结

由于美业的服务一般要借助一些专业的工具、器械等，即便门店让美容师或者牙医上门为消费者服务，很多业务也都无法开展。所以相较其他行业来说，美业对于线下场地的依赖性更强，私域流量的积攒对于美业也十分重要。美业的门店其实很早就开始运营私域流量，例如销售人员用微信添加潜在消费者，通过朋友圈内容去营销和影响他们，消费者对门店产生信任并多次复购。

美业的门店重视运营存量消费者。有的品牌会给每位老顾客单独创建一个专属的社群，群里的2～3个服务人员定向为这位消费者提供专业的服务，例如给予日常关怀、提供日常答疑服务等。一般来说，这个群里会有个人顾问和售前顾问。个人顾问负责一对一解决老顾客的问题，售前顾问负责批量传递公司的新产品。同时，售前顾问会策划各类营销裂变活动，让老顾客帮忙传播，从而裂变新的潜在消费者。

在美业获客难度增加的情况下，用好存量消费者，做好服务，和消费者构建强信任关系，并通过活动来实现老客转介绍是一个很不错的选择。事实上，人们追求美好事物之心一直不变。美业的门店可以在私域社群中传播优质内容，用内容做好客情关系维护，加深与消费者的联系，例如给社群中的消费者推荐一些实用的家庭护理小技巧等。

同时，门店也可以用类似咚咚来客的系统了解哪些消费者更喜欢这些内容，对喜欢这些内容的消费者做定向营销，例如预售美容套餐，就可以进一步引导消费者到店消费。经营美业门店的核心逻辑就是日常一定要做好私域流量的留存，构建线上经营消费者的体系，这样在特殊情况下，门店就可以通过线上渠道直接触达消费者，获得收益。

第 14 章 再造一个人气商圈，购物中心私域流量运营正当时

购物中心作为一个多业态、多品牌、多门店、多功能的商业综合体，以业态组合和品牌集合吸引客流。购物中心多业态的场景对线下消费者有着很大的吸引力，因为购物中心可以满足消费者多样性的消费需求。

购物中心的分类方式有多种，根据中国市场的实际情况，可以分为社区型、市区型、城郊型 3 类；根据购物中心是否连锁化，可以分为集团型购物中心（如万达广场、大悦城、恒隆广场等）和单体购物中心（如正佳广场、时尚天河等）。无论如何定义，购物中心都是自带获客属性的，只是根据形态的不同，服务不一样的客群。

当前，市场环境正在发生着细微的变化。据统计，2021 年购物中心的汇客指数，相较 2019 年同期下降了 10%～20%。由于购物中心存量市场过渡时期已经到来，加之同质化严重、竞争加剧、电商挤压、运营压力增大等因素，共同导致如今这个局面。

以前购物中心没有将线下的消费者留存下来进行精细化运营，大部分都是依靠经验主义用会员系统来经营消费者。要解决当前面临的问题，购物中心要以业务增长为目标，在营销方面采取数字化的方式，从以往依靠地标吸引客流带动销量的模式转变为依靠消费者留存量带动销量的模式，从而尽快走出困境。

14.1 在各个地方制造留存入口

如果购物中心能利用好自身线下的场景优势，就可以很快积累到一批私域流量。因为所有消费者从进入购物中心开始就处于购物中心设计的动线上。从进入购物中心的大门开始，消费者所经过的每一个地方都可以成为购物中心留存消费者的入口。购物中心可以在地面上、墙上、电梯里铺设各种宣传物料，制造获客触点吸引消费者扫码，引导消费者进入购物中心的私域，如图 14-1 所示。

图 14-1 电梯广告物料

这些获客触点可以分为购物中心场内和场外。场内的获客触点包括购物中心的广告牌、电梯口、停车场等，消费者进入商圈的第一时间就可以看见这些物料。

购物中心的场外触点主要指的是第三方渠道。购物中心可以与当地知名媒体合作，与旗下入驻商户联合定期举办活动，通过知名媒体的"种草"获得更多曝光，积攒人气与流量。同时，购物中心要将每次活动引流来的消费者留存在购物中心的私域中，利用像咚咚来客这样的工具不断经营消费者（浏览跟踪、价值识别），不断扩大私域流量池。

各个地方的入口布置完成后，购物中心还需要设置好吸引消费者的"钩子"，即有吸引力的产品和福利。那么，什么样的产品和福利才能吸引消费者留存在私域中呢？

吸引消费者的产品和福利价值不需要太高，但是要能刚好满足私域中消费者所需。例如在美妆门店附近布置与化妆相关的物料，当消费者进入私域流量池之后可以免费赠送给消费者一包化妆棉，让消费者切实获得福利。

隆生东湖广场为了更好地将消费者留存在自己私域流量池中，联合了"向茶山、MIO、1柠1"3个人气入驻的门店，用6款爆款饮品作为引流产品，通过海报将线下到店的消费者引流到购物中心的私域中。

在留存环节中，为了能提高消费者在私域中的转化率，该购物中心结合即时性与趣味性，使用转盘抽奖活动引流。其具体操作如下。

（1）消费者微信识别二维码添加客服。

（2）进入私域中的大转盘抽奖群。

（3）点击群中推送的链接参与活动。

隆生东湖广场的活动结合了咚咚来客的活码功能。消费者在扫码之后，必须添加隆生东湖客服的企业微信"隆宝宝"，然后点击客服自动回复的信息中的进群链接加入社群。最后再点击社群欢迎语中包含的活动链接，消费者才能进入大转盘活动界面。这保证了引流的有效性。

短短1天之内，活动全城曝光3万多次，隆生东湖的企业微信添加了4 000多位私域消费者，并创建了20多个社群。

14.2 人群分层构建不同主题社群

购物中心将消费者留存到私域流量池只是开始，如何在运营中更好地了解消费者、服务消费者才是最重要的。由于购物中心是一个商业集合体，所吸引的消费者基本囊括了各类人群，因此在精细化运营方面，有更多的可操作空间。

在人群划分上，购物中心的消费者大致可以分为亲子消费者、情侣消费者、单身消费者；在需求上，则可以分为运动达人、时尚丽人、商务人士。根据不同消费者的属性，购物中心可以设计不同的私域流量运营体系。一般来说，购物中心的面积很大，商家和消费者的供需关系不能很好地匹配起来，有时候购物中心里一家店的客流量很少，只是因为位置太偏，消费者发现不了，因此要对购物中心里的消费者进行分层，分别构建不同主题的社群。下面通过一个具体的案例进行详细讲述。

一般来说，周一至周五的白天购物中心的客流量最少，但也会有很多爷爷奶奶或者全职妈妈带着孩子在购物中心打发时间。而购物中心的电影院也会将一些受众面较窄、并不卖座的电影排片到这些时段，例如动画电影。实际上，电影院的需求和购物中心中带孩子的消费者的需求刚好是完美匹配的，与其让电影院空着，不如将双方需求结合起来，增加电影院的收入。

于是针对原价 60 元的动画电影，某购物中心在周一至周五的白天推出 19 元的特价。该购物中心设计了限时抢购的链接，并配上一段预告片和一段影片简介，推送到亲子社群中。在需求、价格、时间都刚好满足的情况下，社群中的 180 人中有 124 人都购买了特价电影票。

将人群分层构建不同主题的社群，不仅是为了向消费者售卖商品，还是为了洞察消费者的需求。购物中心不仅要为消费者服务，还要为入驻的商家服务。做好消费者的精细化运营，将消费者和商家的需求完美匹配，才能保持购物中心人气旺盛。让商家赚到钱长期生存下去，购物中心的租金收入才能更有保障。

14.3 联动入驻商家打造超值权益卡

当消费者选择在一个门店长期消费时，一定是这个门店拥有其他同类型门店不具备的优势。对于购物中心来说，最快打造出这个优势的方法就是将原来的单一福利集合设置成套餐式的权益卡卖给消费者。例如某地的万科广场推出了 7.7 元购买"春日补给花样嗨吃卡"的活动。该活动集合了购物中心内所有的餐饮门店，消费者到任一门店就餐都可享 7 折优惠。万科广场通过这样简单、直接的方式告诉消费者：在万科广场消费，可以享受到别的地方没有的权益折扣。同时，消费者需要支付 7.7 元购买的规则则是将消费者"占到了便宜"的心理转变成对购物中心的归属感。这种活动能够帮助购物中心锁定消费者的长期消费，使购物中心获得一批忠实消费者。

购物中心还可以联合商场中一些不同类型的门店围绕某一类消费者的共同需求去设计权益卡套餐，如"火锅+奶茶""家居+百货"等。每一家门店只需要拿出少量的福利优惠，就可以根据实际需求创建不同类型的福利组合，组成一个多元化的福利包，形成更具吸引力的引流品，一次性满足消费者多样的需求。

高价值引流品的策划小技巧：购物中心可以通过一些数据来筛选销量较高的产品，将销量高的爆款包装成引流品，如图 14-2 所示。

第14章 再造一个人气商圈，购物中心私域流量运营正当时　　193

图14-2　购物中心权益卡套餐

购物中心整合完权益卡福利后，最好将价格定位在一个较低的区间内，不要让消费者对价格产生压力，例如"9.9元购199元"的权益卡套餐，用"付费+高价值"权益锁定消费者的下次消费。

某购物中心通过权益卡功能整合所有商家的优惠券在私域社群中进行售卖。该购物中心用"31家门店优惠只需9.9元"的活动刺激消费者到店，实现购物中心各门店消费者资源的共享，实现了门店之间消费者的高效流转。

原来免费的优惠券通过整合变成了售价9.9元的权益卡，该购物中心2天内一共售出了130张权益卡，总营收1 287元，后续带动单月营收增长了14%。消费者购买权益卡的钱会立马到账存入门店的公账账户。以前门店白送的优惠券，现在变成了门店的额外收入。

使用权益卡设计高价值的福利增加门店吸引力，摆脱了单一化的营销方式，有效提高了消费者的忠诚度以及活跃度，从而为门店创造了更多收益，形成了购物中心私域的复购闭环。

14.4 惠州华贸天地：单月 GMV 破千万的秘密

惠州华贸天地（以下简称"惠州华贸"）是一处占地 15 万平方米的国际化体验式购物中心，位于惠州江北 CBD 核心区，是惠州华贸中心的核心商业组成部分。惠州华贸集国际名品、环球美食、休闲娱乐、文化服务等多功能休闲服务为一体，是惠州的购物休闲首选地之一。

在房地产行业中，惠州华贸呈现出异军突起之势，通过搭建私域流量池，凭借几场消费者爆满的促销活动获得了可观的效益。

2020 年 6 月，惠州华贸仅靠销售购物卡就获得了超过千万元的销售额，逆势增长了 27%，在整个 2020 年度通过经营私域更是增收了近亿元。那么惠州华贸获得如此大的成功的秘诀是什么？答案是私域流量。

1 深抓变量，搭建私域流量池

如今，购物中心的经营饱受租金、客流等现实因素的困扰。购物中心行业进入饱和状态，已然是一片红海市场。特别是直播带货、社区团购这样依靠去中心化流量变现的消费场景，已经广泛植入消费者的心智。

惠州华贸敏锐地感知到了这一变化，迅速反应并追逐私域流量这个风口，构建基于企业微信的私域流量运营体系。惠州华贸深抓变量主要体现在以下两个方面。

（1）赢得消费者更多的时间。微信内购群、直播带货、全民分销等销售形式大行其道，消费者对这些形式的接受度也比较高，已经很难再接受新的销售形式。但谁能够占有消费者更多的时间，谁就能获得成功，这也是很多互联网巨头秉持的理念。而如今的手机 App 使用时间排行，微信稳居第一。企业微信是唯一能与微信互通的企业办公软件，用它构建私域流量运营体系，就相当于对接了 12 亿微信流量。

（2）紧抓社群营销不放。在经历互联网电商、移动互联网微商、团购外卖平台、直播带货 4 个代表性阶段后，消费市场正逐渐变得碎片化。以直播带货、KOL 推荐、全民微商为代表的社群营销已经越发成熟，线上消费越来越往社群方向靠拢。既然社群是大势所趋，门店不妨顺势而为，用企业微信这一官方工具搭建私域流量池。

2 营销引流，沉淀消费者进入私域

私域流量运营的前提是将消费者引流进入私域。而不同行业的差别在于，门店需要根据不同主体、对象选择最有效的引流方案。购物中心天然存在多个线下引流入口，商场大屏、吊旗、灯箱、电梯广告等都是能够引流消费者的触点。

入口有了，就需要打造场景。线下消费者会通过什么契机而成为购物中心的私域消费者，答案无疑是各种活动。于是，惠州华贸举办了一场"吃喝惠州"的大型活动，实施了一系列"宠爱计划"。

（1）活动背景。"618"即将来临，这应当是消费者进行消费的重要时机。并且，每年这个时候商场都会有大型促销活动，因此"618"是加大力度做营销、留存用户的绝佳时间点。

（2）主题人格化。不同于以往的活动主题，在本次活动中惠州华贸将购物中心的活动主题人格化，以"华贸宠粉"的主题开展活动，同时将消费者沉淀到私域流量池中，打响了私域流量运营的第一枪。

（3）3大策略。发放宠粉福利。惠州华贸联合商场内的各大门店给消费者发放餐饮、服装、化妆品、生活用品等方面的消费券。惠州华贸在商场的各种场景内营造宠粉氛围，拉近品牌与消费者的关系，将消费者沉淀到私域流量池中。惠州华贸打造私域流量运营体系，加大力度持续经营线上消费者，提高整体竞争力。

（4）5大玩法。具体的玩法主要包括百万宠粉消费券、每日限时秒杀、疯狂618秒任意搬、每日1元福利、头号粉丝礼物堆头，如图14-3所示。

图14-3 "宠爱计划"活动内容

（5）预热及宣传。在宣传预热阶段，首先，惠州华贸为活动设计了主海报"宠爱计划"，以清单形式呈现。其次，为配合创意活动，惠州华贸主要通过发布话题及系列海报的形式进行宣传。再次，惠州华贸在多个公众号渠道进行曝光，吸引更多消费者关注。最后，在惠州华贸的微信小程序"华贸之选"设置"宠爱计划"专区，实现活动的整体性。

（6）私域留存，黏住粉丝。惠州华贸对消费者价值打分，给消费者分级，根据不同消费者的属性，在私域中对消费者进行差异化服务，给消费者提供福利和特权。

3 商城小程序，延伸消费场景至线上

购物中心引流的消费者有一个特点，即他们消费的意愿十分强烈，对于营销行为也不会过度反感，所以在沉淀了一批私域消费者后，惠州华贸便启动了转化工作。

依托于商场全场景的"销售渠道+社交式的用户机制"，惠州华贸打造了围绕电商渠道、小程序、社群、直播平台的一整套基础设施与玩法。在惠州华贸的私域中，消费者可以在社群中领取优惠券，到店埋单。

消费者离开商场也可以到"华贸之选"电商小程序购买产品。在一些重要节日，惠州华贸还会联合知名主播进行专场直播，吸引消费者互动。

惠州华贸联合95%的商家推出提货卡。私域中的消费者可享受99折购买提货卡的优惠，卡里的金额可直接在惠州华贸消费，如图14-4所示。

图14-4　990元买1 000元提货卡

同时，惠州华贸还结合用户画像、用户价值对消费者进行精准推送。不到1个月的时间，惠州华贸便销售了3 000张提货卡，销售额突破了千万元，获得了27%的增长。同时，由于聚集了流量，惠州华贸已经是附近10 000米范围内的一个中心化的流量载体。因此，惠州华贸还招收入驻品牌，收取一定的线上入驻费用，帮它们进行品牌曝光，达到合作共赢的目的。

在建立了私域流量运营体系后，惠州华贸拥有了更多的制胜之道。资源如同兵力，任何组织的资源都是有限的，任何项目的预算也是有限的，尤其是在竞争初期，只有聚集资源才能取得优势。如何聚集资源？答案是站在用户的视角，并聚焦用户的认知。在门店的营销过程中，值得门店关注的一个重点就是合理利用资源。如何正确地给各个渠道配置资源，从哪些途径投入才能使门店有效地在消费者心中占据有利位置，从而打响品牌呢？基本方法有以下3个。

1 线下投入

传统的线下媒体，如电视广告、报纸杂志等，依然在扩大品牌影响力与宣传推广方面发挥着重要作用。想要快速扩大新零售品牌的影响力，线下的投入是不可或缺的。现在大多数传统的零售企业都进入了新零售产业的转型阶段，但是在传统媒体上的广告投入依然没有减少。例如在人流较大的地方铺设品牌宣传海报、在商场大屏幕放映广告、在地铁站和市中心张贴大幅广告等，这些广而告之的方法依然是提升品牌知名度的有效途径。

Dior公司就深谙其中的道理。作为一个高档奢侈品品牌，Dior本身拥有较高知名度，但它也没有减少对品牌营销的投入。Dior不仅在线下传统媒体投放大量广告宣传品牌的核心价值观，还在线上微博、微信公众号以及视频网站等各种渠道投放广告，用高投入打造高端品牌。另外，除了通过以上这些媒体投放广告外，Dior还举办了一些线下展览活动提升消费者对品牌的印象分。

2 发挥线上媒体的传播优势

由于网络的发展和新零售趋势的带动，网络上的信息流量能够在很大程度上将信息接收者转化为消费者。微博、微信公众号、自媒体、视频网站以及各种App，都能够为门店带来大量流量。尤其是在具有算法机制的社交类App和短视频App上，门店能够实现更为精准的推广，有力地吸引了更多私域流量。

3 扩大市场份额，树立发展品牌形象

除了在线上线下进行宣传推广外，门店产品的市场占有率提升、线下店铺的扩张也可以实现对品牌的有效宣传。现代数字化零售市场很有发展潜力，未来线上销售的占比会日益提高。线上推广成本日益增加，产品不容易脱颖而出，而探索线下新的数字化零售渠道，跳出传统卖场模式，将产品直接推向消费者未必不

是一个好的选择，同时这种方式还可以增加品牌的曝光度。当门店产品在市场上能够占据优势地位时，品牌的影响力自然也会提升。

在当今这个信息爆炸的时代，如果一个没有影响力的品牌还没有在品牌宣传方面投入足够多的成本，那么品牌的其他活动，包括生产、销售，都是没有目的、脱离主题的。而没有品牌知名度的产品很难在消费者的心智中占据一席之地，甚至无法成功拉新。

14.5 永旺梦乐城：一张权益卡满足消费者吃喝玩乐需求

在购物中心同质化严重、人流量逐渐减少的背景下，很多购物中心都难以为继，陷入经营困境。但是永旺梦乐城（广州新塘店）积极拥抱变化，并结合消费者的需求在自己的私域中开展活动。

每个周末，永旺梦乐城都开展主题活动，并给消费者发放权益卡，让消费者能用一张权益卡玩遍整个购物中心。永旺梦乐城组织了购物中心内的50家门店共同参与到活动中，参与活动的门店可以选择一个套餐作为权益内容，也可以选择某一款单品作为权益内容，只要和活动主题有关即可，如图14-5所示。

一个轻量级的活动既可以为商圈内的门店带来客流量，又可以为消费者带来切实的优惠。例如设计"5折吃肉"的活动，购物中心将活动上架之后，再将活动链接发送到商圈的私域社群中，让消费者在线上直接购买，锁定消费者的消费，为参与活动的门店精准引流。

消费者只要花费9.9元购买一张购物中心的权益卡，就可以在活动期间享受一定的权益和服务。这种多元化的福利包既降低了消费者的决策成本，也帮助购物中心的商家吸引了更多客流。

活动开展了1周左右的时间，曝光量就达到了"10万+"。因为消费者在做消费决策时，都会考虑性价比的问题，低价购买大量权益福利，消费者会感觉很划算，这种感觉会驱使消费者积极参与活动。永旺梦乐城就是利用了消费者占便宜的心理和对价格的巧妙设置，使消费者感觉权益越多、优惠力度越大，降低了对活动的解释成本。

第14章 再造一个人气商圈，购物中心私域流量运营正当时

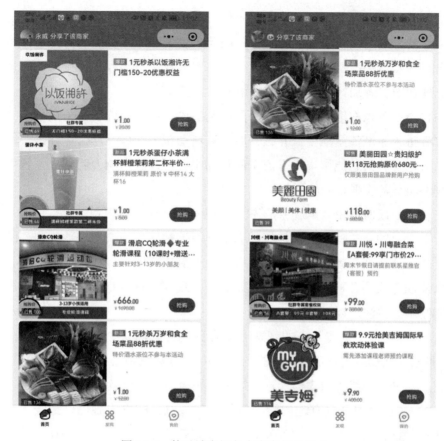

图14-5 梦乐城广场各个商家权益组合

永旺梦乐城将商圈内50家门店的权益福利整合为一个多元化的福利包，制造一个低成本诱因，满足消费者多样化的需求。除了性价比高、权益丰富外，精准定位消费者人群也是该购物中心主题活动获得成功的原因之一。

各大门店的权益产品一定要是带有复购属性的锁客型产品，例如100元的组合优惠券，里面包含了当天可用的优惠券，还包含了1个月内可用的优惠券。

权益卡中的复购券可以拉动消费者二次消费和多次消费。永旺梦乐城把一次性的消费行为通过权益卡转化为持续性的消费行为，持续引导消费者到店复购。

小　　结

购物中心是城市地标，是消费者娱乐休闲的目的地，购物中心天然具有聚集

流量的作用。但受到购物中心趋向同质化发展、线下商城价格与线上相比福利较少等因素的影响，购物中心客流量少，因此购物中心应当积极应对，将消费者积累到自己的私域中。购物中心不能只是让消费者在会员小程序上授权，而是应该尽可能地让消费者加好友，在私域中跟消费者互动。

购物中心可以在停车缴费入口、商场电梯内打广告，或者在公众号推文，引导消费者进入私域流量池中，并且开展一些活动跟消费者互动，引导消费者进入购物中心消费。而越能聚集线下流量的购物中心，品牌影响力就越大，就可以收到更高的租金，实现正向的循环。

在很长一段时间里，购物中心不太重视在线上经营消费者，更重视的是将消费者引入自己的会员体系。但传统的会员体系无法实现消费者和购物中心的双向互动，更无法在消费者离开之后持续吸引他们到店复购。"如何在社群里打造一个人气商圈"成为各购物中心的必答题。要实现在社群里打造一个人气商圈的目的，购物中心要注意以下几点。

（1）尽可能早地将线下的消费者留存到线上。购物中心可以和入驻的门店联合，推出一些爆款为商圈导流。好产品自带流量，购物中心构建好私域流量池后，爆款好产品就是超级"放大器"，很容易引爆全城带来流量。

（2）在社群中开展有趣的活动持续聚集人气。购物中心可以把线下活动在线上再做一次，无论是会员日活动，还是主题店庆活动，之前这些在线下做过的引流活动，购物中心都可以在私域社群里再做一次，这样同样可以实现引流的目的。

（3）为购物中心内的门店赋能，为门店精准导流。购物中心可以设计权益礼包，锁定消费者的多次复购。一家购物中心中一定有一些门店的人气很高，整合这些门店的资源，做好权益设计，就可以提前锁定消费者的复购。

第 15 章
零售行业私域成刚需

零售行业对人们生活有着巨大影响，随着消费者行为习惯出现的新变化，线上化大势所趋，零售企业正在推动私域流量池的构建，助力品牌升级全渠道经营战略。腾讯对 1 万多名中国消费者展开调研后，归纳总结出零售行业消费者的消费行为出现的 4 大变化。

（1）消费两极分化，消费升级和降级并存。以鞋服配饰行业为例，有 12% 的受访者表示他们在 2020 年购买了更高端的商品，27% 的受访者表示他们购买了更经济实用的商品，18% 的消费者表示他们既购买了更高端的商品，也购买了更经济实用的商品。

（2）圈层细分显著。消费者获取信息的渠道更加多样化，且不同年龄段对于渠道的选择大相径庭。以 Z 世代为例，超过 60% 的消费者在美妆消费全过程中选择 7 个及以上的渠道，他们使用 KOL 平台的概率要高于其他年代人群 2～5 倍。

（3）全渠道呈常态。消费品零售的线上渗透率逐年增长。鞋服行业尤甚，2020 年线上渗透率同比从 25% 提升至 35%。全渠道有望长期持续增长，超过 90% 的消费者表示 2021 年会保持或增加线上消费比例。

（4）私域生态繁荣。在公域平台获客成本居高不下的背景下，私域渠道加速增长。2020 年，某零售企业的微信生态电商渗透率超过 80%，小程序整体交易额同比增长 100%，获得 1.6 万亿元的收益。

在如今的消费趋势下，私域流量、圈层、精细化正在成为主要关键词，因为私域流量运营对于零售类门店而言是实现破局、突破逆境的关键。一是私域可以成为零售门店全新的销售场景，二是私域流量运营可以使零售门店更好地留存目标消费者，实现消费者价值最大化。

新零售门店每个季度推出新的单品就是为了用新的产品激发消费者的兴趣点。消费者喜欢什么样的产品？可能很多品牌都不清楚，所以只能做测试。如果有一群消费者可以配合新零售门店测试新品，那么这会为门店的后续经营提供非常有价值的参考。

15.1 母婴门店打造专业的信任感服务

对于母婴门店来说，所有的产品都是为了更好地服务消费者的孩子。每个家长都想为孩子挑选安全可信赖的产品，因此母婴门店必须提供看得见、摸得着的体验，这样才能更加容易打动消费者，获得消费者的信任。

一旦建立起信任感，母婴门店就可以根据反复触达消费者，以此留住消费者。母婴门店可以用"精细化服务＋内容营销"的方式来维系和消费者的关系，持续引导消费者复购。

母婴门店具体应该如何持续引导消费者复购呢？以某母婴门店为例，该门店通过在私域打造值得信赖的育儿专家人设，作为门店和消费者之间联系的纽带。

第一，根据消费者的喜好，给消费者打上标签。针对每一位添加到私域的消费者，导购会用咚咚来客的标签功能，记录下消费者的孩子的年龄需要的产品，做好标签分类。例如不同年龄段的孩子需要的奶粉类型不同，通过标签系统，门店就可以记录消费者购买的奶粉类型和数量，在消费者购买的奶粉快用完时，一对一定向推送相关产品的优惠信息给消费者。

第二，推送专业的育儿内容满足消费者的需求。在该母婴门店的私域中，门店会不定期地输出育儿知识，母婴门店的消费者对专业育儿知识是十分重视的，通过大量的专业知识输出，母婴门店可以满足消费者的这部分需求。该母婴门店在打造育儿专家人设的同时，也会周期性引导私域消费者购买一些产品，如图15-1所示。

第三，推送日常化的内容和消费者互动。门店可以每天在企业微信的朋友圈、社群中分享日常化的内容，以提升消费者的活跃度。例如在社群中针对"孩子挑食"的话题和消费者展开讨论，让消费者充分参与，实现和消费者的高频互动。

第四，该母婴门店的私域社群分为粉丝福利群和忠实消费者服务群。福利群以促活为主，平时门店会在群里发布拼团、互动有礼等活动，其中互动有礼的问题往往和育儿知识高度相关。而忠实消费者服务群是一对一的定向服务社群，如果消费者有产品和育儿知识方面的疑问，可以随时在群内咨询门店的育儿专家。

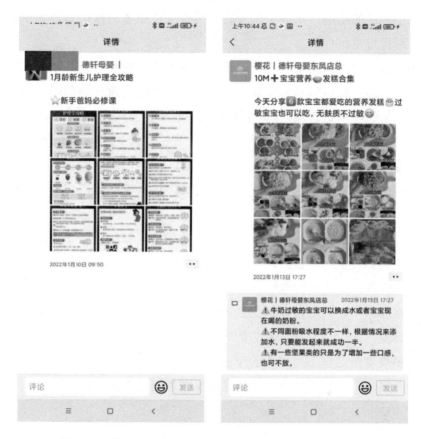

图15-1 某母婴门店在私域中根据消费者的需求设计内容

通过私域流量运营体系的搭建和精细化的服务，该母婴门店打造了线上的服务场景，平均每天能给门店带来几千元的营收。

15.2 发送上新短信，短信跳转加私域

随着数字化运营程度的加深，门店线上线下融合的趋势越加明显。这让线下门店的营销不再局限于传统的线下渠道，而是通过数字化的方式实现线下推广和线上营销的多渠道联动。这使得门店可以通过对消费数据的收集和分析，达到营销的精准覆盖，有效激活门店流量，实现业绩提升。

例如早期很多门店通过让消费者办会员卡的方式留存到店消费的消费者，并通过后续给消费者发送活动短信吸引消费者产生复购。但随着移动互联网各种流

量平台和小程序的出现,这些手机号码对于维系消费者的作用远不如在私域中留存消费者那样方便、有效。

门店可以利用原来的手机号码,搭配内容干货、福利优惠,吸引消费者添加门店的企业微信,从而留存消费者。利用咚咚来客的引流外链功能,门店就能让消费者从短信跳转到企业微信,从而打通消费者手机号码与门店企业微信的连接。

对于门店来说,通过会员制留存的消费者手机号码可以实现对消费者的单向信息传递。但当这些消费者变成私域消费者,成为门店的潜在消费者后,门店就可以随时与他们互动,给他们发送活动邀请,这种互动给门店带来的价值是极高的。

例如广东某门店在引流的过程中给每一个引流入口都设置了自动化的标签功能,所有的消费者从短信进入门店的私域后,门店都可以利用数字化的方式和消费者沟通、互动,了解消费者的喜好。

在日常经营中,门店可以根据到店消费者消费行为的特点给不同的消费者打上不同的标签。在门店要推广新品的时候,优先给消费意向强烈、决策果断、多次复购的消费者推送优惠力度大的专属产品套餐,让这群消费者先尝试新品,并利用这种专属性、稀缺感刺激消费者发朋友圈帮助门店进行新品推广。

15.3 美妆连锁品牌线上线下双管齐下

对于美妆门店而言,线上线下一体化是门店发展的重要趋势。私域是门店和消费者沟通交流的窗口,在门店的私域中,门店和消费者的互动便利性、所能传递信息的丰富性都非常高。

美妆门店的获客渠道主要是在线上,如通过朋友圈、小程序进行宣传,但服务型门店一定要结合消费者的线下体验进行线上宣传。例如广东一家美妆门店打造了几个人气体验项目,包括补水、祛痘、祛黑头等,吸引消费者到店体验。消费者体验之后可以给予门店真实的反馈,门店可以将消费者的反馈作为宣传内容的一部分,以实现更好的宣传效果。

美妆产品的使用周期长,大部分消费者在使用过程中不会随时更换产品。而且消费者每一次的选择成本是高昂的,这导致了消费者的决策周期很长。美妆门店可以让消费者先体验再购买,这样可以缩短消费者的决策周期,也能提升消费者对门店的好感度和忠诚度。

对美妆行业的消费者来说，如果门店能够为他们提供专业、有针对性、满足他们需求的服务，那么他们会更快地作出交易决策。很多美妆类产品都有一定的使用技巧，只有"专业技巧+产品优质"，才能打动消费者。

因此，门店需要在线上建立消费者档案，根据不同消费者的情况给其提供针对性服务。例如A消费者的脸部皮肤较为粗糙，且皮肤下垂，那么门店可以给其推荐具有抗皱、抗衰老等功效的护肤品，门店还可以给消费者推送日常脸部护理小技巧，让消费者感受到门店的专业。

搭建了线上服务体系后，美妆门店就可以在节假日等客流量较多的时间点开展促销活动。根据门店附近商圈以及消费人群的差别，门店要制定不同的活动策略。针对居住型商圈，门店可以多做以老带新的优惠活动；针对商业化商圈，门店需要注重线下商业合作、线上广告投放。例如在周末，门店可以针对居住型商圈推出到店体验的折扣套餐，以较高的减价力度吸引消费者到店。

通过体验项目和消费者建立初步信任之后，门店就可以邀请消费者进入门店的私域，这方便后续引导消费者进行复购，优化消费者体验。消费者可以在企业微信给门店发送私信，通过咚咚来客的智能表单功能预约下次到店的时间，自主选择服务类目，而不必多花时间打电话预约。这样也能提高门店的服务效率。

美妆门店要做到线上线下双管齐下，提高门店运营效率。而且线上和线下流量渠道的打通，可以让消费者在离店之后依然可以在线上产生消费。

15.4 食品零售派小样，私域成为第一调研阵地

零售行业传统的"人货场"的运营模式已经不再适应现在的市场环境，零售门店由"人找货"变成"货找人"。坪效是有效衡量一家零售门店业绩的一项重要指标，坪效即门店每坪面积可以带来多少营收。而动销率的高低是评估零售门店商品是否适销的重要依据。

零售门店是依靠铺货来实现营收的，货铺得不对，门店营收就会受很大影响。而且货品选择不对，消费者就不会埋单。门店和消费者一直在玩"躲猫猫"，门店不清楚消费者喜欢什么，消费者进入门店之后不确定到底有没有自己要购买的

商品，门店和消费者之间没有信息交流。

某食品零售门店通过自己的私域发动消费者参与门店的调研，了解最受消费者欢迎的产品，将其摆放在门店货架的黄金位置，提高其曝光度，一个月的时间使得门店的营收增长了37.6%。

该门店利用咚咚来客的智能表单功能邀请消费者参与门店的调研，再根据消费者的反馈调整门店产品的铺货数量及位置。为了对消费者参与门店调研表示感谢，该门店还在问卷上面留了一个私域入口，消费者可通过该入口在门店企业微信社群中领取优惠券。

与其门店自己去猜测消费者喜欢什么，不如直接邀请消费者自己回答。这家食品零售门店就是通过给消费者发送调研问卷的形式，让消费者参与门店的日常经营。有了消费者的参与，门店就可以知道如何有效地铺货。该门店不仅用数字化的方式优化了门店的铺货工作，还利用私域留存了门店的潜在消费者，让门店也多了一个线上销售渠道。

要做好零售，门店就要尽可能地抢占更多的消费场景，了解消费者到底喜欢什么和不喜欢什么，把选择权交给消费者。如果门店发现某一款产品不适合销售，就应该立刻将其撤回。

通过私域流量运营，门店打通了和消费者之间的连接，并形成互动联系，助力产品的销售。门店用数字化手段让产品主动寻找合适的消费者，提高坪效的同时还让自己拥有更多的客流量。

15.5 全棉时代：单场活动留存数千精准消费者

自2009年成立以来，全棉时代发展迅速，已获得了400多项专利，创造了10个填补市场空白的全新产品，开设全国线下门店260余家，会员数量突破2 000万人。但是全棉时代并不满足已有的成就，始终在思考如何进一步拓宽产品的销路，让"2 000万+"会员真正在线上活跃起来，将线上线下两条销路彻底打通。

全棉时代在进入棉质生活用品市场之初，主要以母婴类目的系列产品作为拓展业务的切入点。而全棉时代制定这样的市场战略主要是因为：第一，母婴群体对生活用品的要求高，全棉产品正好可以击中用户痛点；第二，母婴群体生活用品复购频次高，用户对棉质产品需求量大；第三，技术支持由上市母公司全力提供，产品有背书、有保障。

尽管全棉时代在创业初期便取得了不错的反响，但在拓展C端市场的过程中，仍然遇到棉质母婴产品日趋饱和、业内竞争激烈等挑战。为了突破瓶颈，全棉时代对营销方式进行了迭代，以适应复杂的市场环境。

1 全棉时代组合拳：线下引流+线上留存

在营销模式上，全棉时代运用线下门店体验试用、线上商城复购促销的复合型营销玩法，围绕消费者的需求打造场景，吸引消费者入店体验。无论在线下是否成交，员工都会主动引导消费者成为全棉时代的免费会员，再利用私域流量池经营消费者，最终实现老客线上复购产品、新客线下实际体验的双重导流，如图15-2所示。

海报引导加群

社群运营转化

图15-2　全棉时代海报引导加群

2 围绕老顾客培育新顾客

全棉时代既通过活动向老顾客宣传新品上市消息，又将活动裂变新客的功能发挥到极致。全棉时代在线上推出了老顾客邀请新顾客砍价就可免费获得新品的活动，活动开始后 2 小时，就获得了 2 万名消费者的关注。无论是获客成本，还是获客效率，都远超传统获客方式。

全棉时代的"砍价 0 元购"新品预热活动，主要是为了线上获客，将新顾客留存在自己的私域流量池中，后续再引导消费者进行转化。

3 社群精准推送，高效运营

全棉时代对社群运营也非常重视。运营好社群能很好地维系消费者与品牌的关系，提升品牌温度，还能在最短的时间内把活动、新品推送给消费者，缩短宣传路径。全棉时代在运营社群的过程中，将品牌与消费者的"距离感"把控得非常好。

（1）智能表单让品牌了解消费者喜好。平日里，全棉时代以一些小赠品作为诱饵引导消费者填写调研问卷，消费者提交调研问卷后，门店会根据消费者的反馈给消费者打上标签。当全棉时代需要对消费者推送营销活动时，消费者的标签就发挥了作用，即向消费者推送适合他们参加的活动，这样既不会引起消费者反感，还能满足消费者所需，如图 15-3 所示。

图 15-3　全棉时代智能表单调研

（2）邀请有礼让门店极速裂变获客。向消费者投其所好，订单自然源源不断，这也是数字化与私域流量运营相结合的作用所在。在获得消费者数据之后，全棉时代会根据消费者标签设计新的邀请有礼活动，并根据表单问卷调研所反映的消费者喜好确定奖品，为私域消费者定制一场专属活动，如图 15-4 所示。

图 15-4　全棉时代邀请有礼活动

相关数据显示，全棉时代在一次邀请有礼活动中一共裂变了 6 000 多位新顾客，其中有近 1 000 名新顾客在那次活动中下单完成了转化。

小　　结

本章分享了零售行业中一些不同品类门店的私域流量运营案例，虽然品类不同，但在运营上有很多共性。从运营的关键逻辑来看，无论什么行业，门店都需要从消费者留存、构建流量池、触达、运营、裂变、品牌力、组织力这 7 个维度开展私域流量运营工作，搭建私域流量运营的核心框架。在核心框架之下，不同的行业会有不同的运营场景，如餐饮行业会有扫码点单的场景、购物中心会有扫码交停车费的场景。对于这些场景，不同的行业可以进行不同的组合创新。所以，方法论是一致的，关键在于基于场景的组合创新。

零售行业的门店要直接和消费者对话，用优质的内容和品牌影响力去赢得消费者的信任，让私域流量池成为品牌的基建，让线下门店成为流量入口，从而在线上完成私域消费者的培育和转化。消费者接受一个新品牌很难，但接受一个新朋友是很容易的。零售行业的门店在运营私域流量的时候，要和消费者成为朋友，做值得消费者信赖的行业专家，用心地向消费者传递实用的知识，让消费者获得价值。

零售行业的门店还要将流量思维转变为用户思维，更有耐心地长期经营消费者。用流量思维看问题，门店会觉得不离开私域但又不下单的消费者的价值很低。但如果用用户思维来看，只要消费者还没离开门店的私域，消费者就有很高的价值。使消费者实现从预流失到高价值的转变，可能只缺少一次强连接。门店要实现从流量思维到用户思维的转变，和消费者保持长期互动，在一个长周期里为消费者创造长期价值。

第 16 章
酒旅行业自救：自己就是 OTA

如何避免 OTA（Online Travel Agency，在线旅行社）平台抽佣太多，是酒旅行业的经营者正在苦恼的问题。而这背后的根本原因是酒旅行业相对其他行业来说交易频率较低，只有在节假日期间，消费者对酒旅行业的需求才会实现爆发性增长，平时酒旅行业基本上处于供大于求的状态，所以不得不依靠 OTA 平台获得流量。

同时，很多"酒旅 + 私域流量 + 公域投放"成功案例的涌现，让酒旅行业在困境中寻得一线生机。酒旅行业既要持续寻找新流量，又要将老顾客留存在自己的私域中，运营好私域流量，降低 OTA 平台的影响。

16.1 提升接触频次，成为酒店实现发展的第一要务

经文化和旅游部数据中心测算，2022 年清明节 3 天假期，国内旅游出游 7 541.9 万人次，实现国内旅游收入 187.8 亿元。除了长途、跨省旅游外，同城的短途旅游也成为大家放松自我的刚需。周末的时候带上家人在郊区的度假村、民宿住上两天，成为当前较为常见的旅游方式。

携程发布的《2022 清明小长假出游洞察》报告显示，人们省内短途游和市内近郊游的热度高涨。从携程景区门票预订数据来看，城市周边、本地门票订单占比达 88%，踏青赏花、公园露营等成为游客在清明节热衷的出游方式。这种近距离的旅游尤其需要运营消费者。比如某城市的喜来登酒店，每周末举办不同类型的亲子活动，吸引这个城市中的目标消费者周末去度假。

一个产品拥有了复购属性，就可以在私域中对其进行经营。酒旅行业更依赖新客，门店没有将触达消费者的渠道掌握在自己手里，客源大多是被 OTA 平台

掌握，所以酒旅行业的门店在构建自己流量池的时候要优先借助外力。比如在支付宝口碑、大众点评等很多平台上都可以投放同城广告，商家可以通过平台给消费者发放优惠券，同时引导这些同城消费者进入门店的流量池中，提升与消费者接触的频次，为后续直接连接和营销消费者做流量储备。

以某电竞酒店为例。该电竞酒店在运营之初便意识到了私域流量的重要性，因此其负责人在公域流量的基础上搭建酒店的私域流量池，使该电竞酒店的客流量始终保持在较为稳定的状态。

首先，该电竞酒店负责人明确了酒店的定位：以本地年轻人为主要消费群体。

其次，该负责人制定了3个策略用来提升与消费者接触的频次，进而提高复购率。

（1）打造电竞酒店"个人管家"的人设。用个人微信向新入住酒店的消费者发放优惠券，还可以根据消费者登记的信息，搭配不同的文案，增加趣味性。此外，可以以"个人管家"的名义将新顾客拉入社群，积累私域流量。

（2）在节假日通过"个人管家"微信向曾经入住过的消费者发放老客专属优惠券。同时，还可以在朋友圈和社群内推广、营销酒店的福利优惠，例如转发集赞可以获得专属优惠券。这在无形之中增加了与消费者接触的频次，使消费者能够感觉到酒店对自己的关注与重视，进而产生归属感。

（3）不定期举办电竞活动。电竞酒店的最大特色就是可以让年轻人欢聚一堂，在线下开展游戏竞赛。因此，该电竞酒店通过不定期地举办各种电竞活动来吸引本地的年轻人参加，同时通过发放优惠券、实物奖品、游戏道具等礼品增加活动的吸引力。

通过以上3项措施，该电竞酒店在本地消费者群体中的口碑迅速打响，不仅本地的年轻人经常入住，还有一些外地探亲访友的年轻人来这里放松身心。一些中年人也会因为其较低的客单价和较好的入住环境将其作为出差下榻的首选。

因此，跨城的旅游需求虽然锐减，但同城的休闲需求开始激增。酒旅行业的门店要抓住场景变化的机会，协调好各种资源，在多渠道、多场景中将消费者引流到自己的私域流量池中，在自己的私域中提升与消费者接触的频次，从原来的"广撒网获全国客"向"深耕本地老客提升复购率"的运营模式转变。

16.2 公域转私域，只要 ROI 为正，别怕投流量

公域流量池的商业逻辑是：品牌在平台上通过自营免费内容获取精准粉丝或者通过大规模投放（一般都是信息流投放）获取消费者。这些行为的前提是公域平台拥有较充足的 DAU，可以分发给品牌方。

从理论上来讲，只要 ROI 为正，酒旅行业的门店就可以在公域平台无限投放广告，以获得更多流量。这就是大规模投放的逻辑，即在公域平台中大量投放，快速获得流量，从而带来大规模的营收增长。

但是，这只适用于流量用不完的情况，中国有 14 亿多人口，全世界有 70 多亿人口，流量红利总会衰竭。因此酒旅行业的门店需要重视私域流量运营，把公域的流量导入自己的私域流量池中，延长给消费者提供服务的链条，打造一条从公域到私域再到复购的链路，如图 16-1 所示。

图 16-1 公域流量导入私域实现购买的路径

酒旅行业的门店在节假日前就要着手准备在各大平台上进行宣传曝光，毕竟客流高峰期就是私域流量池快速扩大最好的爆发点。当然，前提是做好留存规划，把未到店的消费者变为潜在消费者，把已到店的消费者变为长期消费者。

值得注意的是，很多公域平台对流量有限制机制，一般公域平台都不支持门店将公域流量引流进自己的私域中的做法。这就意味着酒旅行业的门店需要管理多个平台，门店可以设计一个让消费者从公域平台跳转到企业微信从而进入私域

的路径,当路径通畅之后,门店可以再加大力度在公域进行投放。

16.3 酒店旅游交叉销售,多一份成交可能性

私域流量池提供的是一个长期触达消费者的窗口,然而要真正打动消费者,运营的思路和方法很重要。消费者入住酒店可能是出于游玩、出差等需求,那么酒店为什么不能针对消费者这些需求去设计对应的销售套餐推送给消费者呢?

例如针对消费者游玩的需求,酒旅行业的门店在做好消费者留存之后,可以有节奏地对消费者进行运营,联合周边景区和地标建筑售卖套餐,在私域中定向做推荐,吸引消费者购买套餐。某酒店就联合了周边景区,在消费者入住之后,将周边景区的游玩套餐链接一对一发送给消费者。这对于没有做好旅游攻略初次到访旅游地的消费者是十分有用的,既帮消费者省去了搜索挑选旅游景点的麻烦,又因为酒店的背书,提高了消费者购买套餐的概率。

在传播过程中,分享是一个必不可少的环节。好的分享能为品牌带来更多关注,从而提升转化率。在移动互联网时代,微博、微信、小红书、抖音、视频号等公域平台非常流行,很多消费者都会主动把自己购买的好产品在这些平台上分享。消费者的分享是新一轮传播的开始,消费者的口碑传播能够吸引其他消费者的关注与兴趣。

值得注意的是,门店分享的内容要具有价值,即消费者看完门店分享的内容后可以有所得。价值可以是干货、指南,也可以是门店提出的观点、解决方法,总之一定要致力于为消费者解决问题,满足消费者的实际需求。至于门店给出的解决方案,当然就是门店的商品或联合旅游景点推出的套餐。如果消费者被门店描述的场景吸引,需求被激发,便会购买。

下面以某酒店的新客获取路径为例进行详细讲述。小然平日工作繁忙,她希望利用年假好好放松一下身心,于是在小红书中翻阅旅游笔记。她在小红书中看到某位博主发布的一篇标题为"还在为不知道去哪里旅游而烦恼吗?旅游景区推荐来了!"的笔记,这篇笔记正好可以解决小然目前面临的问题,于是她点击进入浏览文章。

笔记行文流畅、逻辑清晰,为各种职业的人推荐了不同的旅游景区,小然很

快就找到了心仪的旅游目的地,并且笔记已经将旅游目的地附近一家酒店正在打折优惠的信息和链接给出。她对笔记中描述的画面十分向往,最终选择了这家酒店。而这其实是酒店和景区一同策划好的内容营销路径。

由于信息差优势越来越弱,消费者只需要简单搜索,酒店、民宿的信息便一览无余,酒店、民宿的口碑如何,消费者也可以很容易地得知。在现在的市场环境中,产品种类多样,消费者的购买选择也更加多样,但是一个好的产品能够让消费者愿意多次购买,并且消费者还愿意主动传播、分享该产品。

16.4 五合院民宿:忙时线下聚客,闲时线上营销

五合院是惠州西湖边的一家精品民宿,集住宿、餐饮、娱乐等功能于一体。五合院在小巷子里独树一帜,成为独特的地标,它分为前院和后院,主体建筑共两层。

这家精品民宿有以下几个特点:第一,它位于惠州惠城区的西湖边。惠州西湖是国家5A级景区,从五合院步行几分钟就能到西湖。民宿能够满足游客的住宿和餐饮需求,其定位是"西湖边的会客厅",如图16-2所示。五合院不处于人流密集地,周围的环境比较幽静,游客需要进到一条小巷子才能够找到,如图16-3所示。五合院闹中取静的环境特色,使得它成为惠州的网红打卡点。

图 16-2　五合院的定位是"西湖边的会客厅"

图 16-3　五合院位于一条小巷子中

第二,五合院的流量有一定周期性。周一到周四,五合院的客流不多,但节假日的时候会有很多专程来西湖游玩的游客入住五合院。同时,每年惠州市都会在西湖边举办花灯展,花灯展为期 1 个月,会有数百万人到西湖游玩,其中很多人会选择入住五合院。因此五合院的流量具有周期性的特点,虽然是旅游性质的流量,但基本都是惠州属地的精准消费者。

第三,五合院的颜值非常高,兼具欧式和中式的风格,如图 16-4 所示。五合院能够满足游客的住宿和餐饮需求,再加上高颜值的装修布局,使得消费者在其中能够获得美的感受,消费者约上朋友在这里喝点小酒、品尝美食是十分享受的事情。

图 16-4　五合院的装修风格

五合院在线下获取流量的时候,采取的方法比较简单,但取得了非常不错的效果。

（1）消费者到店消费定向引流。消费者就餐时，五合院的服务员会给消费者递上精心准备的民宿企业微信的卡片。在环境优美的门店，服务员礼貌地邀请消费者添加店长微信，大部分消费者都不会拒绝。同时，服务员会告诉消费者今后也可以通过店长微信预订房间或者预订就餐位置，从而实现了用高频餐饮带动低频客房的销售。五合院通过这种人工递上名片的方式获得更精准的消费者，同时给服务员设计一些奖励机制，激励服务员更积极主动地引导消费者添加店长的微信。

（2）开展线下活动吸引路过的客流。因为五合院离5A级景区很近，所以在节假日流量比较多的时候，五合院会在店门口设计一些引流活动，例如添加店长微信就能够1元购买门店自制饮品，这样一方面可以传播品牌，另一方面可以获得当下密集的流量，效果非常显著。

有了流量的入口和品牌定位之后，五合院在线上做运营就很简单了。

（1）朋友圈内容塑造品牌定位。五合院的私域店长每天都会在朋友圈分享民宿中的一些惊喜瞬间，塑造品牌定位。例如乐队驻唱、车友活动、求婚场景、生日宴会等，用内容来营造品牌的定位，使消费者感觉五合院很温馨。

（2）周末活动通知，提醒消费者还有这样一个周末好去处。例如五合院会联合策划公司举办"睡衣派对"活动或者和五月天的歌迷一起开展一场五月天歌曲串烧活动等。每周四，店长就会在社群、朋友圈中预告周末要在五合院中举办的活动。五合院用这种方式提前锁定消费者的消费需求，提醒消费者还有这样一个周末活动选项，这样可以提高消费者到店的概率。

（3）每个月在社群中推出五合院的定制套餐。每个月，五合院都会针对不同的人群推出一些定制套餐，如精酿啤酒12杯套餐、战斧牛排挑战套餐、饮品下午茶套餐等。这些套餐只有社群中的消费者才能购买，这样可以将一部分消费者的需求提前锁定，吸引消费者到店消费。五合院结合自身的特点，推出了许多适合在社群中销售的商品，甚至还推出了适合零售的蛋黄酥。

通过线下和线上的联动，五合院既获得了精准的高质量消费者，又能够向消费者高频传递店内的活动信息，提高消费者到店概率，同时还可以在自己的流量池中销售产品。在五合院的优质私域运营下，五合院的收入十分稳定，并且能够实现业务的稳定增长，由此可见私域运营对于酒旅行业的重要性。

16.5 白云宾馆：老牌酒店的私域新尝试

白云宾馆是广州市最知名的五星级商务酒店之一，1976年开业至今，其凭借细致、优质的服务和良好的口碑赢得中国饭店业的最高荣誉——"中国饭店金星奖"。如今白云宾馆已是广州一个具有代表性的地标建筑。

随着时代的发展，各类新潮的酒店、民宿相继出现，酒店行业的竞争更加激烈，但白云宾馆在很多人眼中依然只是一个商务酒店，人们只有在出差、开会时才会选择住在这里。再加上白云宾馆年代久远，很多广州本地的年轻人都会觉得这是"父母才会住的酒店"。尽管每隔一段时间，白云宾馆就会装修升级，但由于在消费者心中的刻板印象已经形成，因此白云宾馆很难在短期内改变大众对其的印象。

为了吸引年轻人，白云宾馆开始重视对私域流量的运营。白云宾馆以各种活动为契机留存消费者，其主要目标是吸引年轻群体。白云宾馆设计了易于年轻人接受、参与的大转盘抽奖活动，将活动海报展示在酒店前台、大厅，让服务员在为消费者办理入住时告知消费者可以添加门店微信抽取优惠券，如图16-5所示。

图16-5 白云宾馆线下物料引导消费者进入私域

这个活动一方面可以把消费者留存下来，门店可以对消费者开展更多运营活动;另一方面,年轻人对于转盘抽奖玩法并不陌生,这种加好友抽券的活动方式能快速吸引年轻人,也节省了服务员的解释成本。另外,白云宾馆还设置了分享给好友可再抽一次的规则,让入住的消费者可以给酒店带来更多的潜在消费者。

通过这个活动,白云宾馆在1个月内就获得了大量年轻消费者。将消费者留存到私域中只是第一步,下一步是通过优化服务细节提升消费者的满意度。例如白云宾馆会在每一个房间内张贴一个用餐预订的二维码,消费者入住后若想在酒店内用餐,则可扫码选择套餐、口味偏好、忌口食材,让餐厅可以提前准备;在节假日时,白云宾馆会推出酒店的特色食品、特色活动,推荐消费者购买或参与。

在消费者办理退房时,前台会引导消费者扫码填写满意度表单,以了解在为消费者服务的过程中,酒店是否有做得不足的地方,如入住手续的办理是否快捷、环境是否干净整洁、客房的安全性和私密性是否足够高等,以此进行改进。此外,还有一个目的是调研年轻人希望酒店能够为他们提供什么服务,从而有针对地对酒店作出升级改造。

白云宾馆一方面通过构建私域流量池提升服务细节;另一方面吸引年轻群体,迎合年轻人的喜好优化服务,让消费者平均年龄逐步下降,以此慢慢改变人们对白云宾馆的刻板印象。

16.6 iTREE 爱树:提升服务质量留住老顾客,增加转介绍

iTREE 爱树(以下简称"爱树")成立于 2016 年,是广东省知名乡村山野旅游精品民宿品牌。爱树提倡节能减排、低碳生活,希望能"连接自然,创造快乐"。爱树把民宿作为连接载体,让更多人回归自然,享受最纯粹的欢乐时光,回归最原本的生活方式。

近年来,随着人们消费心理由注重物质向注重精神再向注重文化转变,民宿如雨后春笋般蓬勃发展,迅速红遍大江南北。不过由于准备不足,很多民宿都存在缺乏创新、类型模糊、管理混乱、服务不足等问题。

而爱树则依托惠州当地环境打造了秘境、小镇、河畔、书院 4 大主题民宿,形成独有特色。爱树借助企业微信的功能,用咚咚来客提供的私域解决方案对消

费者做精细化的服务与管理，消费者好评率超过90%。

门店运营私域流量大多是为了让消费者转化复购，不同门店有着不同的运营私域流量的方法。那么，爱树是如何运营私域流量呢？

1 保留当地特色打造差异化民宿

爱树的创始人研究了前人的很多经验，因此他十分清楚，必须打造出具有惠州特色，并且融合惠州人文情怀的民宿，这样才能在市场上站稳脚跟。

为此，爱树因地制宜，在南昆山保留了原高山别墅建筑的大体风貌，遵循环保、低耗原则，建起了南昆秘境；在上围村，爱树将当地传统的客家韵味糅合在现代设计之中，打造出天堂小镇。为了避免被资本裹挟导致过度开发，爱树的创始人坚决不融资。正是这样的坚持，爱树的民宿发展得风生水起。

民宿产业其实是与旅游业相互依存的，而爱树在市场运营方面比较缺乏人手，现在靠的是长期积累的口碑和OTA平台维持客源的稳定，但这也意味着爱树要给平台支付佣金。而只有增加老顾客复购才能从根本上解决这一问题。

很多人认为民宿无法实现消费者复购，这其实是个伪命题。影响消费者是否入住同一家民宿的因素主要有以下3个。

（1）景观及设施。入住这家民宿是否可以让消费者欣赏到美好的自然景观，相应的生活配套设施是否完善等。

（2）民俗文化。围绕当地文化深度打造民宿的文化内涵，让消费者可以通过民宿了解当地文化。

（3）性价比。让消费者在心中觉得民宿给他提供的服务值得他付出那么多钱，觉得民宿的性价比很高。

针对上述3个因素，不断优化民宿的外在与内涵，让消费者产生复购便是很简单的一件事。但是民宿的复购需要一个较长的周期，一般是6个月到3年，这取决于消费者的旅游计划。

2 针对性提供高质量私域服务

爱树的创始人发现，大部分新顾客都来源于老顾客的转介绍。只有老顾客对民宿充分认可，他们才会乐意转介绍。复购与转介绍在原理上是类似的，所以爱树要做的只有一件事：让消费者在到店到离开的过程中对民宿保持高度满意。爱树将消费者沉淀在私域中，构建私域流量池，为消费者以后的复购打下基础。在提供高质量私域服务时，爱树做到了两点：第一，与消费者开展长期互动，增强消费者信任感；第二，对服务进行升级，打造完美口碑。

然而，由于人手紧缺，一到高峰期，全员基本上都是连轴转。爱树的员工可能上一秒还在回答线上消费者的咨询，下一秒就要去服务线下消费者，工作场景的切换难免导致出现疏漏，进而使服务质量下降。为此，爱树使用企业微信和咚咚来客系统地经营私域消费者。

1 设置员工企业微信活码添加消费者微信

要与消费者进行稳定交流，企业微信为首选工具：一方面，企业微信有品牌标识，能够快速打消消费者疑虑；另一方面，消费者会留存在企业微信中，成为门店的固定资产，也便于后续的转化复购，如图 16-6 所示。

利用咚咚来客的活码功能，爱树设置了客服活码，在线上投放于各个官方平台，在线下将立牌置于门店前台，如图 16-7 所示。

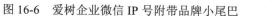

图 16-6　爱树企业微信 IP 号附带品牌小尾巴　　图 16-7　爱树前台活码立牌

消费者扫码后无须等待客服验证就可自动添加客服为好友，然后消费者会收到客服设置好的自动发送的欢迎语，这最大限度缩短了爱树服务消费者的过程，同时简化了烦琐的验证通过操作，避免了爱树客服因忙碌而回应过慢的问题，如图 16-8 所示。

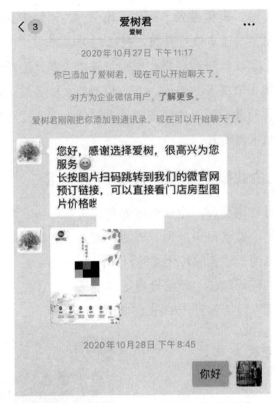

图 16-8　消费者扫码后自动通过好友申请

2 明确消费者需求，无缝对接门店管家

了解了消费者需求，并确认消费者入住哪家民宿、哪种类型房间之后，爱树利用企业微信共享客户功能，快速将消费者推送给对应民宿的客服，由客服进行后续服务，如图 16-9 所示。

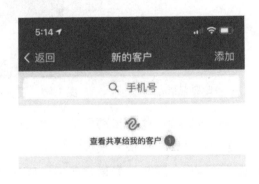

图 16-9　收到共享提醒

3 利用智能物料，快速定制服务方案

经过长期经营，爱树已经形成了多个服务方案，并累积了一些图片素材。但使用微信与消费者沟通时，客服很难快速找到需要的素材。利用咚咚来客的智能物料功能，爱树将所有素材上传至后台，并且做好了分类。消费者询问时，客服直接点击工具栏就能调出智能物料库，通过分类快速查找，点击即可发送，省时省力，简化了烦琐的操作流程，如图16-10所示。

做到了以上3点，爱树整体的服务质量提升了很多，其好评率一直保持在90%以上。

民宿复购是一个长链过程，因为它与旅游是相关的。正常来讲，消费者不会每周都外出旅游，也不会每年都选择同一个地方旅游。因此民宿真正要瞄准的复购对象是先前已经来过一次并且已经时隔两三年的消费者。

通过让消费者添加门店为好友，爱树已经将大量消费者沉淀在自己的私域流量池中。为了使消费者复购，爱树给消费者打上数据标签，方便以后做针对性的筛选和营销。为此，在消费者离店时，爱树会让消费者填写满意度调查问卷，如图16-11所示。这一方面是为了了解消费者对民宿服务的评价与建议，更好地改进服务；另一方面，爱树使用的是咚咚来客的智能表单功能，表单的每个选项都关联着标签，只要消费者填写完并提交，咚咚来客系统就会自动给消费者打上对应的标签。一个表单，就能让爱树获得全面且细致的消费者画像。

图16-10　智能物料库

图16-11　扫码填写问卷

有了消费者的触达渠道和详细数据之后，爱树便可以针对性地打造服务内容，也可以结合节假日做定向推荐，缩短消费者的决策周期，提高消费者在下次出行时选择再次消费的概率。爱树接下来的目标是把复购周期缩短至 1 年，因为它已经具备了这些条件：消费者（私域流量）、触达（企业微信）、需求（消费者画像）、服务（自动响应）。为私域消费者提供更多个性化、定制化的服务内容，是爱树能在众多民宿中脱颖而出的关键。

小　　结

中国有 40 多万家酒店，有 1 600 多万间客房在等待销售，其中 OTA 占 23.8%，还有 3/4 客房通过其他渠道进行销售。酒店行业营销、运营方式的改变，都源自技术的发展以及消费场景的改变。随着"短途游"这样的新事物的涌现，酒旅行业的门店也从原来的关注全国的商旅游客，转变为取悦同城的短途游老顾客。酒旅行业的门店必须要及时地调整运营思路，以适应外界环境变化所带来的机遇与挑战。

本地市场或许是酒旅门店发展的主阵地，行业从业者要学会变通，依据消费形态创造新的产品形态，从原来关注硬件设施向关注人群需求升级，从卖客房卖门票向卖生活方式升级。

第 17 章 宠物行业：有温度的服务，有内容的社区

随着当代人孤独感的加剧以及因新冠病毒感染疫情等而导致居家时间增加，很多人都选择养一只宠物陪伴自己。人与宠物之间的情感依赖更加明显，宠物市场也迅速从一个新兴市场成长为消费市场中炙手可热的新风向。《2021年中国宠物行业白皮书》报告显示，2021年宠物行业市场规模达2 490亿元，未来3年将呈现14.2%的高速复合增长。

很多宠物门店都明白一个道理：情感需求产生的消费力量是巨大的。宠物行业因人类对宠物的喜爱而得以发展，但一家社区宠物门店只能覆盖方圆3 000米以内的小区，而且3 000米以内小区居民的宠物保有量也十分有限，这也是社区宠物门店遇到的发展瓶颈。

综上所述，对于宠物门店来说，如何稳固现有的流量池，用高频消费带动低频消费是影响宠物门店发展前景的重要问题。当下，很多宠物品牌已经完全摒弃了"打榜—拼营销力—获取流量"这样的公域运营方式，而是选择通过私域触达并服务"毛孩子家长"，从而实现业绩增长。

17.1 宠物医院发传单的小窍门

宠物医院服务的消费者大多来自周围3 000～5 000米范围内，相较于线上营销，线下派发传单的拓客效率更高。但是在线下派发传单也存在一个问题，那就是传单很难对来往的消费者产生吸引力。因为路过的消费者跟门店没有快速建立信任，也没有感觉到门店的服务内容与自己有关系。

为此，某宠物医院设计了科学的传单获客留存的步骤，从而使传单到手率提升了40%，消费者留存率提升了30%。

第一步，进行为期1周的数据统计。宠物医院的工作人员可以每天晚上到周边小区观察居民养的宠物的品种，把几个数量较多的品种筛选出来。该宠物医院发现周边小区居民养哈士奇、金毛、博美的居多，而养猫的居民则大多养加菲、英短、布偶这3种宠物猫。

该宠物医院针对这几类品种的猫和狗设计了6种传单内容，然后在传单上添加了一段极其简单但又非常契合这个品种的宠物的文案。例如针对博美，该宠物医院设计的文案是：如果不定期给狗狗清理泪腺，狗狗可能会产生泪痕、睫毛倒插，并引发一系列疾病。文案下面还附有一个企业微信的二维码，并附带文字"加××专家，免费帮你的宠物做检查"。

第二步，宠物医院的工作人员可以去医院附近的公园、小区等地给带宠物散步的居民发传单。

第三步，在发传单的时候，针对不同的宠物，契合传单上的文案，采取不同的措辞。例如"大型犬髋关节发育不良是常见疾病，我们现在邀请了专家坐镇，对金毛免费义诊，活动时间只有3天"。具体的措辞可以根据宠物类型灵活变通，主要目的是让消费者觉得这个活动有针对性，对宠物医院能快速产生信任。

第四步，消费者扫码添加了宠物医院的企业微信后，宠物医院要主动询问消费者宠物的相关信息。然后再告知对方宠物医院可以为他的宠物提供什么服务。例如给博美、贵宾犬提供眼睛检查服务，给沙皮、斗牛提供皮肤检查服务，给金毛、拉布拉多提供骨骼检查服务。

每一张传单都是消费者入口，将消费者留存在私域后，宠物医院就要给消费者提供专业化的服务，持续经营消费者关系，让消费者在养宠物的过程中遇到问题时能第一时间想起宠物医院。

17.2 构建宠物内容库，在社群自动回复的百科全书

宠物门店与每个养宠物的消费者都会保持较长周期的互动。一对一专业服务固然好，但相对的，宠物门店要提供更多专业性的建议。猫粮、狗粮、磨牙棒、狗窝、猫爬架等产品不太适合在与消费者一对一私聊时推荐给消费者，宠物门店可以通过消费者交流群推荐这些产品。

某宠物门店构建了"问答+卖货"的服务型私域社群，还特邀了一名宠物医生，

在群里帮助消费者解决宠物打呼噜、耳螨、皮肤病等问题。该宠物门店通过满足消费者的日常问诊需求，让私域消费者对门店的信任度慢慢提升。

1个月的时间，社群里的消费者一共询问了300多个宠物喂养方面的问题。为了提高问诊效率，该宠物店把这些问题和回答收集起来构建了一个内容库。再有消费者询问已经被问过的问题时，搜索关键词即可获得解答。

通过这样的方式，社群中的消费者对该宠物门店的信任度有了很大提升。当消费者有购买宠物粮、玩具等产品的需求时，自然会在社群中寻求推荐。而宠物门店已经将所有商品分类整合在线上商城中，在商城上新或者有促销活动时，可以主动给消费者推送上新链接或者活动链接，满足消费者需求，如图17-1所示。

图17-1　在商城中分类上架产品

17.3　关注宠物的主人，为他们创造交流机会

人们都需要陪伴、倾诉，但现实中，很多人的这些需求却得不到满足，因此很多人会选择饲养宠物。还有一部分人不具备饲养宠物的条件，于是他们热衷于

在各大短视频平台关注萌宠博主，刷萌宠的短视频。这些行为都是为了满足自己的情感需求。而这个需求恰好为宠物门店提供了运营私域的契机。

某宠物门店每个月会组织一次"宠物面基会"，邀请私域中的消费者带上自己的宠物来到线下，让宠物互相玩耍，主人之间互相交流。该宠物门店通过建立一个互动的场景，让消费者找到拥有共同话题的朋友，获得更多的情感价值。

该宠物门店除了制造互动场景外，还策划了很多活动，如售卖特价"养宠礼包"增强消费者黏性，现场评选最萌宠物增加活动趣味，号召消费者拍摄小视频增加门店曝光率等。

这些活动让宠物门店的私域活跃了起来，即使是没有到场的消费者，也会在社群中表达对聚会的向往，这也为下次活动的开展打下了良好的流量基础。

17.4 档案跟踪和触达，做宠物生命周期的管家

其他行业在私域中运营的是人，宠物行业在私域中运营的则是人和宠物。这就意味着，宠物行业对私域消费者的运营一方面要契合消费者本身的需求和喜好，另一方面要切实让消费者感觉到提供给宠物的服务是超值的。要做好对宠物的服务，门店就要建立宠物档案，管理宠物的生命周期。

宠物门店可以通过分析消费者的浏览数据，了解消费者最近在饲养宠物过程中有什么需求或问题。例如消费者分享了一个宠物粮砍价链接，就意味着他可能需要购买宠物粮，这时门店就可以给他发放一张优惠券，促使消费者尽快下单；消费者打开了宠物除螨的教学视频，这可能意味着消费者的宠物出现了相关症状，这时门店就可以主动询问消费者是否需要除螨服务。

事实上，很多宠物在就医时已经是久病难医了，因此宠物门店要引导消费者重视宠物疾病的预防，而通过私域所获得的精细化的宠物档案在这其中就发挥了至关重要的作用。

宠物门店运营私域流量其实是在进行宠物全生命周期管理。例如有的宠物在3个月时需要打疫苗，6个月皮肤会有结痂，3岁易患肠胃病，7～8岁肾功能开始出现问题。在不同的生命阶段，宠物可能出现不同的健康问题，这就需要消费者具备一定的辨识能力，这样才能保证宠物身体健康。

宠物门店可以以时间轴的方式记录好宠物每次到店的服务内容和健康情况，在线上进行服务时，随时在手机里查看宠物之前的一些情况，从而有针对性地提出建议。同时，宠物门店可以挑选出一些高价值消费者，根据他们的宠物情况给宠物定制一份成长诊断，提前告诉消费者在接下来的饲养过程中可能会出现的问题，并给出相应的预防方案。而在预防方案中搭配的服务，就可以成为门店的收入。

17.5 豆柴宠物：用私域流量延展服务内容

对于任何行业而言，运营私域流量都是在做服务延伸，这一点在豆柴宠物这一品牌中体现得尤为明显。

豆柴宠物创立于 2014 年，最开始主营宠物主粮品类切入行业，如今已发展成为囊括主粮、零食、保健品的宠物食品品牌。豆柴宠物还孵化了线下商场自营店，并探索"自有品牌 + 自有渠道"的双运营模式。

最开始主营宠物主粮的时候，豆柴宠物的创始人就发现了一个问题：无论是传统品牌的经销模式，还是进口品牌的代理模式，品牌都很难直接接触消费者。所以，豆柴宠物致力于添加到店消费者为私域好友，除了打通二次销售的渠道外，此举也能建立起一个庞大的信息库。在这个信息库里，消费者对产品的任何感受都能够直接反馈给品牌，信息维度的丰富让豆柴宠物将传统经销模式下长达半年的产品迭代周期缩短为 1 个月。

例如在和消费者交流的过程中，豆柴宠物发现很多消费者将零食罐头和主粮拌在一起喂给宠物，这样可以解决宠物挑食的问题。那么为什么豆柴宠物不能提前帮消费者拌好呢？于是豆柴宠物便推出了无谷双拼冻干粮，开创了新式混合干粮的先河。这样的创新看似微小，但这是门店在与消费者的交流中慢慢挖掘出来的消费者的真实需求。正是因为重视细节，豆柴宠物在产品上的领先优势才能不断扩大。

通过几年的积累，豆柴宠物收集了十几万消费者的数据，从宠物年龄、品种、地域等十几个维度分类，给消费者打上标签。豆柴宠物建立了一支 200 多人的极具服务意识的团队，团队中有一半以上的人员在做服务工作，给消费者提供 24

小时的医疗、养护等方面的咨询服务。为了不让服务"变味",豆柴宠物以消费者满意度作为考核服务人员业绩的关键指标,而非销售数据。这也为他们布局线下提供了绝佳的支持。

从 2018 年开始,豆柴宠物开始布局线下宠物综合体"屋虎猫馆",提供外送服务,线上线下打通,为消费者提供更加便利的服务。另外,在线下服务过程中,服务人员仍然以私域流量运营为核心,保持高质量的服务水准。一方面,服务人员在线下要做好消费者的留存工作;另一方面,服务人员要深入了解并记录消费者的需求,以此为依据不断优化产品与服务,为门店持续赋能。

小　　结

宠物行业属于情感消费业态,不受季节影响,且消费者的互动意向高。私域社群为饲养宠物的消费者之间的交流提供了便利途径,宠物社群自带话题属性。对于宠物食品、猫砂等宠物的刚需用品,消费者基本以月为单位进行购买。宠物门店要从人、宠角度出发构建不同的服务场景,给消费者打上标签,从而基于标签和用户画像对不同消费者做差异化推送,提升消费者的转化率和留存率。

宠物门店还要构建内容体系,在私域中利用内容对消费者进行心智培育。当消费者对自己的宠物有着很多情感寄托,"毛孩子"成为家庭的一分子时,消费者在注重自己生活品质的同时,也希望能提高宠物的生活水平,并愿意为此付出高溢价。

后记

很多品牌的创始人喜欢跟我一起交流，一来比较喜欢我们务实的风格，二来能从交流中得到很多经营的启发。从 2011 年开始，我跟团队就致力于为门店经营提供优质的服务。早期我们为门店提供营销策划服务，为门店带来新流量。后来我自己开了很多门店，这些门店中有让我赚到钱的，也有入不敷出的，因此我对经营门店充满了敬畏，因为每一个门店都承载着商家的梦想与希望。

中国的线下门店正处于一个非常重要的转型变革期，我希望在这个大变革时期能为线下门店多做一些有价值的事情。于是在 2020 年，我成立了咚咚来客，专门研究线下门店的私域流量数字化运营之道，为门店提供解决方案。探索的过程并非一帆风顺，有非常多的问题和阻碍需要我们解决，但行业先锋们的案例给我提供了很多借鉴和参考，我从中受益匪浅，最终才形成了自己的门店私域流量运营体系。

我感谢千余个品牌与我们一起成长，感谢乐凯撒比萨、吉野家、喜姐炸串、肥汁米兰米线、大斌家火锅、卡朋西餐等快时尚餐饮品牌，沪上阿姨、挪瓦咖啡、桃园三章、混果汁、荷田水铺、古春堂等茶饮品牌，全棉时代、华祥苑、幸福西饼、味多美等零售品牌，万科商管、华贸天地、永旺梦乐城、港惠购物中心、时尚天河、中华广场、万达影院等购物中心业态品牌。我感谢这些行业先锋与我们一起在线下、线上场景私域流量运营方面所做的持续探索与努力。

为了让门店生意更好做，我们披荆斩棘，奋斗在路上。